Rolf Krüger

Fast alles über Jesus

Sein Leben, seine Botschaft und was er heute bedeutet

Hänssler-Taschenbuch
Bestell-Nr. 394.612
ISBN 978-3-7751-4612-8

Internet: www.haenssler.de
E-Mail: info@haenssler.de
Titelbild und Gesamtgestaltung: Fodes.de
Druck und Bindung: Ebner & Spiegel, Ulm
Printed in Germany

Inhaltsverzeichnis

Herzlich willkommen!

In diesem Buch steht alles über Jesus ... na ja, *fast* alles! Denn wie Sie merken, haben Sie keinen Wälzer in der Hand. Im Gegenteil – dieses Buch ist bewusst kurz und knackig gehalten. Und natürlich wäre es anmaßend zu behaupten, alles über Jesus zu wissen. Deswegen eben nur *fast* alles.

Entsprechend werden Sie hier keine großen philosophischen Abhandlungen oder detailliert ausgefeilte Theologien finden. Wenn Sie die suchen, legen Sie dieses Buch besser wieder zurück ins Regal und kaufen Sie sich eine Einführung in die systematische Theologie. Wissenschaftlich und detailliert, aber ein wenig spröde.

Ich möchte Sie vielmehr einladen zu einer kurzen Reise, um ein Stück „Jesus" gemeinsam mit Ihnen zu entdecken. Wer war er? Und war er wirklich mehr als ein normaler Mensch? Was machte ihn aus? Könnte er heute etwas mit mir zu tun haben? Diesen Fragen werden wir nachgehen. Dabei werden wir dem russischen Schriftsteller Leo Tolstoi genauso begegnen wie Martin Luther, einem schwangeren Teenager genauso wie Jesus selbst auf einem Bierkasten.

Sie merken schon: Dies ist ein etwas anderes Buch über Jesus. Es wird ein wenig an unserem verklärten Bild des lieblichen Heilandes kratzen. Aber dafür entdecken wir vielleicht auch wieder ein Stück mehr den echten Jesus hinter den Blattgoldfassaden mittelalterlicher Christusabbildungen. Jesus – den Unbequemen. Jesus – den Aufrührer. Jesus – den Fordernden.

Ich will Ihnen nicht einfach irgendwelche Richtigkeiten vorsetzen. Natürlich habe ich selbst meine Positionen und

Überzeugungen, aber ich möchte es Ihnen ermöglichen, sich Ihr eigenes Bild zu machen. Es ist deshalb erlaubt und sogar nötig, kritische Rückfragen zu stellen. Natürlich ist ein Buch in Sachen Kommunikation immer nur eine Einbahnstraße - ich weiß. Darum werde ich mich bemühen, für verzwickte Fragen stets nachvollziehbare Lösungsmöglichkeiten und verschiedene Denkweisen aufzuzeigen.

Wenn Sie aber mit den Antworten nicht zufrieden sind, dann lade ich Sie herzlich ein, mit Ihren Freunden und Bekannten darüber zu reden und zu diskutieren. Vielleicht gelingt Ihnen ja gemeinsam die eine oder andere Entdeckung.

Aber auf vieles werden wir wohl auch nach vielen Diskussionen letztlich keine Antwort finden. Nicht alles ist erklärbar und schon gar nicht alles beweisbar. Und manches darf vielleicht auch einfach mal als Stolperstein stehen bleiben - mir persönlich ist das lieber, als sich alles mit Gewalt geradezubiegen, um ja ein intaktes und kuscheliges Weltbild zu erhalten. Und schließlich wollen wir die Theologen und Philosophen dieser Welt ja nicht arbeitslos machen, oder?

Interessiert, was Jesus auf einem Bierkasten macht? Dann lassen Sie sich überraschen!

Querkopf mit Konfliktpotential

Der Anspruch von Jesus, die Brisanz darin und warum das nicht nur ein Übersetzungsfehler ist

Kennen Sie diese Bilder, bei denen ein Detail eines Alltagsgegenstands ganz nah abgebildet wird - sodass man nur sehr schwer errät, um welchen Gegenstand es sich handelt? Ich löse gerne solche Bilderrätsel und man muss oft viel Fantasie aufbringen, um den gesuchten Gegenstand als Ganzes zu erkennen. Es fällt natürlich leichter, etwas (oder in unserem Fall: jemanden) einzuordnen, wenn man ein wenig aus dem Bild herauszoomt und sich einen Überblick aus einer gewissen Distanz verschafft. Bei besagten Bilderrätseln wäre dann der Reiz weg, im Leben hilft uns das oft weiter.

Deshalb sollten wir zunächst festhalten: Egal, wer Jesus war und was er gesagt hat - er ist nicht der Einzige, der mit religiösen Ideen in der Öffentlichkeit aufgetreten ist. „Existiert ein Gott und wenn ja, wie ist er?" - diese Frage stellt sich jeder Mensch irgendwann und viele haben versucht, sie zu beantworten:

- Viele Europäer beispielsweise halten Gott für eine **Idee**, eine Vorstellung, eine Sehnsucht. Etwas, woran Menschen ihre Hoffnung hängen, um so leichter durchs Leben zu kommen. Religion ist für sie nichts Schlechtes, aber eben eine Tradition, nicht real und ohne einen wirklichen Bezug zum Leben.

- Für andere ist Gott eine **allumfassende Energie**. Wenn wir sie in uns aktivieren, beispielsweise durch Meditationsübungen, dann können wir sie dazu nutzen, inneres Gleichgewicht zu finden. Diese Energie spiegelt sich in den verschiedenen Facetten der Religionen wieder, weswegen letztendlich jede davon einen Weg zu Gott darstellt.

- Für viele Menschen, vor allem in Afrika und in vielen Ländern des fernen Ostens, gibt es nicht nur einen Gott, sondern **viele verschiedene Götter**. Naturvölker sehen Götter oft in bestimmten Dingen: in rituellen Gegenständen, Figuren oder einfach der Natur. Diese Götter haben konkrete Macht und können über unser Schicksal bestimmen. Wir können uns gut mit ihnen stellen, indem wir sie verehren und Opfergaben darbringen. Hindus glauben, dass die vielen Götter Helfer auf dem eigenen Weg zur Verschmelzung mit der Weltseele sind. „Gott ist nicht eine Persönlichkeit. Er ist das unbewegliche, lebendige Gesetz. Gott ist ein ewiges Prinzip", lehrte Mahatma Gandhi.

- Auch Buddhisten glauben an den ewigen Kreislauf von Tod und Wiedergeburt - dabei kommen sie aber ganz ohne Götter aus. Für sie ist Leben Leid. Durch Weisheit kann man sich vom Leid befreien und aus dem Kreislauf der Wiedergeburt in die selige Ruhe des Nirwana eingehen.

- Und schließlich die großen monotheistischen Religionen Islam, Judentum und Christentum: Für sie ist Gott eine **Person**, mal näher und mal unnahbarer, mal der „liebe Gott" und mal der erbarmungslose Weltherrscher (oder einer, der sich nur der Menschen erbarmt, die nach seinem Willen handeln). Aber immer Person, Schöpfer und direktes Gegenüber.

Es gibt wirklich viele Antworten auf die Frage nach Gott.

Angesichts dieser Vielfalt erscheint es alles andere als weise, seine religiöse Meinung als die einzig richtige darzustellen. Die Konsequenzen von Engstirnigkeit und Absolutheitsansprüchen haben die Welt jahrtausendelang in Unglück gestürzt (und sie tun es immer noch): Kreuzzüge, Hexenverbrennung, islamistischer Terror, „heiliger" Krieg - um nur einige Stichworte zu nennen.

Zu Lebzeiten von Jesus gab es einen großen religiösen Pluralismus. Die vom Römischen Reich unterworfenen Provinzen hatten alle Freiheiten, ihre jeweilige Religion weiter auszuüben, solange sie sich der römischen Militärmacht unterwarfen und auch den römischen Kaiser als Gott verehrten. Bisweilen nahmen die Römer ihrerseits auch Neuzugänge in den eigenen Götterreigen auf, die ihnen attraktiv erschienen und von denen sie sich einen Vorteil versprachen.

Die Juden hatten mit dieser Kultur als damals einziges monotheistisches (also an nur einen Gott glaubendes) Volk ihre Probleme. Sie wurden entsprechend von den Römern mit mal mehr, mal weniger drastischen Strafen und Schikanen belegt. „Religiöse Wahrheit" war in Israel zur Zeit von Jesus also ein Reizthema.

Aber Jesus interessierte das nicht - er trieb es im Gegenteil auf die Spitze: Frei und offen verkündete er mitten im römisch besetzten Judäa: „**Ich** bin der Weg, die Wahrheit und das Leben. Niemand kommt zu Gott außer durch mich."

Damit hatte er auf einen Schlag sowohl die Römer als auch die religiösen Führer seines eigenen Volkes zum Feind. Denn die Römer verlangten, dass wenigstens der Kaiser als Gott verehrt wurde. Und für die führenden Juden war es schlicht Gotteslästerung, sich selbst zum Weg zu Jahwe (hebräisch für „Gott") zu ernennen. Der Auftritt von Jesus auf der Weltbühne ist also nicht so sanft und freundlich abgelaufen, wie wir es aus unseren Kinderbibeln gelernt haben - der Konflikt war vorprogrammiert.

Aber auch für uns heute ist dieser kurze Satz starker Tobak, oder nicht? Ich stelle mir vor, wie Jesus in der Fußgängerzone von Berlin auf einem umgedrehten Bierkasten steht und behauptet, er sei der Weg zu Gott. Wie schnell wäre wohl die Polizei da, entweder um den Verrückten zu entfernen oder - wahrscheinlicher - um ihn vor den Tomaten und Eiern der Passanten zu schützen?

Haben wir Jesus da nicht falsch verstanden? Oder ist die Bibel falsch übersetzt? Immerhin spricht heute keiner mehr den aramäischen Dialekt aus Jesu Lebzeiten. Vielleicht meinte er so etwas wie: „Ich kenne einen Weg zu Gott, probiert ihn mal, er ist einfach."

Das ist durchaus möglich. Schließlich gab es damals keine Diktiergeräte oder Videokameras. Und es gibt sowieso keine Wörterbücher dieser Zeit, mit denen man das Aramäisch, das Jesus sprach, sicher in eine heute übliche Sprache übersetzen könnte. Wir sind angewiesen auf die Zeugen, die das Leben von Jesus selbst miterlebten, sich Notizen machten und alles später in Griechisch, der damaligen Weltsprache, aufschrieben: Fischer, Handwerker, Beamte und Ärzte. Ganz normale Menschen wie du und ich.

Aber trotzdem (oder gerade deshalb): Vieles deutet darauf hin, dass das, was wir heute im Neuen Testament über Jesus lesen, eine geschichtlich weitgehend korrekte Zusammenfassung von dem ist, was er sagte und tat.

Unter den christlichen Theologen gibt es zwar viele unterschiedliche Auffassungen, wie genau die Überlieferung ist und welche Details wie zutreffen. Aber fest steht, dass das Leben von Jesus eine der am besten überlieferten und belegten Biografien des Altertums ist. Selbst über Kaiser Nero und Größen wie Hannibal wissen wir nur einen Bruchteil im Vergleich zu dem, was wir aus verschiedenen Quellen - nicht nur der Bibel - über Jesus wissen. Beispielsweise schrieb der römische Historiker Tacitus (geb. 52-54 n. Chr.):

„Um daher dieses Gerede [vom Niederbrennen Roms durch Nero] zu vernichten, gab Nero denen, welche wegen ihrer Schandtaten verhasst das Volk Christianer nannte, die Schuld und belegte sie mit den ausgesuchtesten Strafen. Derjenige, von welchem dieser Name ausgegangen ist, Christus, war unter des Tiberius Führung vom Procurator Pontius Pilatus hingerichtet worden; und der für den Augenblick unterdrückte verderbliche Aberglaube brach wieder aus, nicht nur in Judäa, dem Vaterland dieses Unwesens, sondern auch in der Hauptstadt, wo von allen Seiten alle nur denkbaren Gräuel und Abscheulichkeiten zusammenströmen und Anhang finden."

Für die Geschichtsschreiber war die Existenz von Jesus also zweifellos wahr.

Zudem existieren noch heute allein vom griechischen Text der Bibel mehr als 5600 Handschriften beziehungsweise Handschriftenteile, alle schön säuberlich auf Mikrofilm gebannt; dazu kommen Übersetzungen in alle antiken Kultursprachen, vor allem ins Lateinische. Von römischen Klassikern wie Cäsars „Gallischem Krieg" beispielsweise, der heute jeden Lateinschüler quält, sind dagegen nur zehn brauchbare Abschriften erhalten - und die älteste davon wurde 900 Jahre nach Cäsars Tod angefertigt.[1]

Das einzige neben der Bibel vergleichsweise gut überlieferte Werk der Antike ist Homers „Ilias“ (650 Abschriften). Allerdings mit starken Textunterschieden: Von den 15 600 Zeilen der „Ilias“ sind 764 in verschiedenen Varianten überliefert. Das Neue Testament umfasst hingegen 20 000 Zeilen, hier stehen aber nur 40 Zeilen in Frage.[2] Dazu kommt, dass die ältesten heute erhaltenen „Ilias“-Handschriften etwa 1000 Jahre nach Homers Tod entstanden sind. Die ältesten heute erhaltenen Handschriften des Neuen Testaments stammen dagegen aus dem ersten Jahrhundert nach Christus.

Man kann also guten Gewissens sagen: Der Text des Neuen Testamentes ist weit besser überliefert als jeder andere Text der Antike. Ein Abschreibfehler war der ungeheure Anspruch von Jesus wohl nicht.

Bleibt die Frage, ob man den Autoren der Bibel trauen kann. Haben sie die Wahrheit gesagt? Können wir sicher sein, dass sie nicht das meiste, was sie über Jesus aufschrieben, erfunden haben?

Vermutlich ist das eine Glaubenssache. Niemand von uns war dabei und niemand kann mit Bestimmtheit sagen, ob sich alles so abgespielt hat, wie es in den Evangelien beschrieben ist. Wer weiß schon, ob die Autoren nicht Dinge aufgebauscht, geschönt oder dazuerfunden haben? War die Versuchung nicht groß, dies zu tun? Erzählen die Evangelien wirklich historisch korrekt die Geschichte von Jesus Christus?

Sehen wir uns ein paar Gesichtspunkte an:

Zunächst fällt auf, dass die Bibel nicht „fusselfrei“ ist. Sie ist keine makellose Heldengeschichte und ihre Protagonisten sind wenig heldenhaft. Es werden ungeschminkt ihr Versagen und sogar die Ängste und Zweifel von Jesus dargestellt. Und das selten im Sinne des „strauchelnden Überwinders“, dessen Stolpern für die Spannungskurve der Erzählung wichtig wäre. Selbst von großen Kirchenführern wie Petrus - auf den sich die römisch-katholischen Päpste von jeher berufen - wird berichtet, wie sie ihre eigene tiefe Überzeugung zu grundlegenden theologischen Lehren revidieren mussten und zugaben, dass sie Menschen im Namen von Jesus zu Unrecht verurteilt und ausgegrenzt hatten. Gerade dadurch erhalten die biblischen Autoren für mich eine große Glaubwürdigkeit. Wer rückt sich selbst schon gerne in ein wirklich schlechtes Licht?

Des Weiteren wären die an verschiedenen Stellen zu erkennenden Ungereimtheiten zwischen verschiedenen Texten jemandem, der sich das Ganze systematisch ausgedacht hätte, sicherlich nicht passiert. Der oder die Fälscher hätten versucht, die Ereignisse zu harmonisieren und es wären nur kleine Flüchtigkeitsfehler übrig geblieben.

Aber so finden wir beispielsweise in den vier Berichten über das Leben von Jesus vier unterschiedliche, sich teilweise widersprechende Schilderungen vom Ostermorgen, also von der Auferstehung Jesu von den Toten. Sehen wir uns diese einmal etwas genauer an.

Zunächst muss man wissen, dass die Gräber zur Zeit von Jesus meist Höhlen waren, deren Eingang mit einer großen, runden Steinplatte verschlossen wurde. Die Steine konnten nur von mehreren Männern mit vereinter Kraft gerollt werden. Vor dem Grab von Jesus wurden zusätzlich zwei römische Wachsoldaten aufgestellt.

Matthäus berichtet nun in seinem Evangelium von zwei Frauen namens Maria, die ein Erdbeben (oder zumindest eine große Erschütterung) erleben und einen Engel sehen, der den Stein vom Grab rollt und sich dann daraufsetzt. Die römischen Soldaten fallen in Ohnmacht. Die Engel sagen den beiden Frauen, Jesus sei nicht mehr tot. Als die Frauen zu den anderen Nachfolgern von Jesus rennen wollen, begegnen sie Jesus, der mit ihnen spricht.

Laut Markus sind es hingegen *drei* Frauen, die zum Grab kommen, es bereits offen vorfinden und *innen* einem jungen Mann im weißen Gewand begegnen. Der sagt ihnen, dass Jesus nicht mehr tot sei. Danach begegnet Maria Magdalena Jesus allein.

Lukas erzählt von mehreren Frauen, die ein offenes Grab vorfinden und drinnen *niemandem* begegnen. Als sie ratlos herumstehen, kommen *zwei* Männer in weißen Gewändern zu ihnen und sagen, dass Jesus nicht mehr tot sei. Die Frauen laufen zu den anderen Nachfolgern Jesu und erzählen ihnen alles. Daraufhin steht Petrus auf, läuft zum Grab und findet es leer vor.

Johannes schließlich berichtet *lediglich* von Maria Magdalena (nicht Maria, der Mutter von Jesus), die zum Grab geht, es offen vorfindet und sofort zu ihren Freunden Petrus und Johannes rennt. Alle *drei* laufen zum Grab, Johannes kommt als Erster an, bleibt aber an der Öffnung stehen, Petrus kommt hinterher, geht ins Grab und findet es *leer* vor. Dann traut sich auch Johannes hinein. Beide Männer gehen wieder zurück nach Hause, Maria bleibt aber dort, geht ebenfalls ins Grab und begegnet dort *zwei* Männern in weißen Gewändern. Sie geht wieder aus dem Grab und begegnet Jesus (den sie vor lauter Tränen erst nicht erkennt).

Äußerst interessant: Gemeinsam ist den Berichten, dass es *Frauen* waren, die als Erste das leere Grab entdeckten. Genau dies ist aber höchst ungewöhnlich. Hätte sich jemand die Auferstehungsgeschichte ausgedacht, hätte er in der damaligen Zeit sicherlich Männer das leere Grab entdecken lassen. Frauen galten nicht als glaubwürdige Zeugen und durften nicht einmal vor Gericht aussagen. Warum hätten die ersten Nachfolger von Jesus, wenn sie dessen Auferstehung hätten vortäuschen wollen, auf damals so zweifelhafte Zeugen wie Frauen zurückgreifen sollen? Bei dem Evangelisten Johannes, der mit großer Sicherheit die gleiche Person wie der Jünger Johannes ist, rennen zwar Petrus und er selbst zum Grab. Sie könnten also als Zeugen fungieren. Doch selbst hier begegnet Maria Jesus nur allein.

Hätte ich mir die Geschichte ausgedacht, hätte ich Petrus und mich ebenfalls in die Begegnung mit Jesus eingebaut, um dem Ganzen Glaubwürdigkeit zu geben. Aber die wichtigste Begegnung an diesem Morgen bleibt tatsächlich einer Frau - Maria von Magdala - vorbehalten, noch dazu einer vermutlichen ehemaligen Prostituierten und damit einem höchst fragwürdigen Zeugen in der damaligen Zeit. Selbst der dümmste Fälscher, der wollte, dass man ihm seine Geschichte abnimmt, wäre geschickter vorgegangen.

Über die Unterschiede zwischen den Texten kann man indessen viel mutmaßen: Die einen ziehen daraus den Schluss, dass alles eine Legende sei, die anderen versuchen, die Berichte mit Gewalt deckungsgleich zu machen. Ich finde es schlicht faszinierend, den Menschen in der Nähe von Jesus über die Schulter zu blicken und eine sicherlich einzigartige Situation durch ihre jeweiligen Augen miterleben zu können. Gibt es wirklich einen Grund, an ihrer

Aufrichtigkeit zu zweifeln? Daran, dass dieser Augenblick wirklich so stattgefunden hat? Schließlich haben sie später für ihre Überzeugung ihr Leben riskiert.

Sprechen die Unterschiede nicht eher für die Authentizität der Berichte, gerade wenn man sich vor Augen hält, wie unterschiedlich zwei Zeugen auch heute z.B. einen Unfallhergang oder eine gemeinsam erlebte Situation schildern können?

Wir wissen dank der modernen Hirnforschung, dass das Gehirn des Menschen Reize selektiv verarbeitet. Nur ein kleiner Teil der durch die Sinnesorgane wahrgenommenen Informationen gelangt wirklich in das Bewusstsein. Dort wird alles mit bereits bestehendem Wissen verglichen, bewertet, mit Emotionen verknüpft und in einem komplizierten Netzwerk aus Neuralverbindungen abgespeichert. Bilder, die wir aus unserer Erinnerung abrufen, sind daher keine Videoaufzeichnungen der Realität, sondern nur die Substanz dessen, was wir „realisiert" haben. „War die Ampel grün oder rot?" – um diese Frage geht es täglich in unzähligen Gerichtsverhandlungen.

Dazu kommt, dass jeder Autor nur die Dinge in einem Bericht festhält, die ihm wichtig erscheinen. Andere lässt er weg. So ist es nicht verwunderlich, dass Johannes, der als Einziger der vier Evangelien-Autoren wohl tatsächlich an diesem Morgen am Grab war, viele Details erzählt, z.B. dass er schneller als Petrus gelaufen ist. Matthäus hat es sich von den Frauen schildern lassen (die das sicherlich auch ganz unterschiedlich erlebt haben) und Markus und Lukas griffen nach eigenen Angaben sowieso später auf viele unterschiedliche Zeugen zurück, da sie weder dabei waren noch überhaupt Jesus persönlich kannten.

Ob sich die Autoren der Bibel das alles also nur ausgedacht haben?

Zum Weiterlesen in der Bibel:
Die Bibel, Johannesevangelium, Kapitel 14, Vers 6
Die Bibel, Apostelgeschichte, Kapitel 10

Anspruch und Wirklichkeit

Was der russische Schriftsteller Leo Tolstoi von (und über) Jesus lernte

Gut: Dass es Jesus gab und dass er den Anspruch hatte, der einzige Weg zu Gott zu sein – damit müssen wir vielleicht leben. Aber ein Anspruch hat ja noch keine Beweiskraft! Schließlich beanspruchen viele Religionen, den Weg zu Gott zu kennen und den (alleinigen) Schlüssel zur Wahrheit zu besitzen. Und vor allem in unserer westlichen Gesellschaft herrscht im Allgemeinen die Ansicht: Irgendwie hat ja doch jeder Recht. Alle Wege führen nach Rom – wieso nicht auch zu Gott?

Ich finde diesen Gedanken sehr verlockend, Sie auch? Könnte es nicht stimmen, dass im Prinzip alle Weltanschauungen die gleiche Basis haben? Sehen sie nicht alle die Notwendigkeit, den Menschen auf die eine oder andere Weise vom Schlechten zu befreien? Sagen nicht alle: Wenn der Mensch sich „richtig" verhält, also bestimmte Regeln, Vorgaben oder Gesetze beachtet, Rituale nachvollzieht, bestimmte Dinge tut oder lässt, dann hat er die Chance, „gerettet" zu werden (wie auch immer diese Rettung in den verschiedenen Weltanschauungen aussieht). Bei den Buddhisten ist es das Nirwana, die Verschmelzung mit der Weltseele. Bei den Christen ist es der Himmel und bei den Moslems das Paradies. Alles Varianten derselben Sache, oder nicht?

Und im Grunde halten sich doch die meisten Menschen an diese Prinzipien – egal ob Gläubige oder Atheisten, Westeuropäer oder Naturvölker, egal ob bewusst oder unbewusst. Schon als Kind lernen wir schnell: Mama ist mir böse, wenn ich mit Spinat um mich werfe, und sie lacht wieder, wenn ich damit aufhöre. Und irgendwie gibt es auch immer Zoff, wenn ich meiner kleinen Schwester die Sandschaufel auf den Kopf haue. Mama kommt sofort und schimpft und alle Liebe gehört der Schwester, die sich aus einem unerfindlichen Grund kreischend auf dem Boden wälzt. Wenn ich dagegen meine Schwester knuddle und küsse, sind alle höchst entzückt.

Lektion eins unseres Lebens lautet also: „Regeln wichtiger Leute erkennen und einhalten - das ist der Schlüssel zu Liebe und Glück."

Wenn Gott genauso ist wie unsere Eltern - warum ist er dann nicht zufrieden, wenn Menschen gut zu anderen sind, sich bemühen, diese „Regeln" einzuhalten? Hört sich das nicht auch bei Jesus so an, wenn er sagt: „Die wichtigsten Gebote sind: Liebe Gott und liebe deinen Nächsten"? Warum aber stellt er dann die Behauptung auf, niemand komme zu Gott außer durch ihn? Warum gesteht er den Buddhisten, Juden und Moslems nicht einfach zu, auf ihre Art und Weise gottgefällig leben zu können und dem Atheisten, sich durch die Behandlung seiner Mitmenschen als gut zu erweisen und - wenn es einen Gott gibt - dadurch bei ihm zu punkten?

Es gib darauf in der Bibel eine klare Antwort. Aber sie erstaunt immer wieder die meisten Menschen, die im „christlichen" Abendland wohnen und groß geworden sind. Denn man hat uns vom Kindergarten bis zur Konfirmation eingetrichtert: Der liebe Gott mag dich, wenn du brav bist (vermutlich, weil die Erzieher und Pfarrer, die das gesagt haben, oben genannte „Lebenslektion" selbst verinnerlicht haben).

Aber das stimmt so nicht. Denn die Erlösung durch „Frommsein", durch das Erbringen religiöser Leistungen, das Einhalten von Regeln oder durch „richtiges" Verhalten ist nicht das, was den christlichen Glauben ausmacht.

Wundert Sie das? Kein Wunder! Denn das Bild, dass wir Christen immer wieder der Öffentlichkeit liefern, setzt sich vor allem aus moralinsäuerlichen Verboten zusammen: Du darfst keine Kondome benutzen, nicht vor der Ehe miteinander schlafen, keine homosexuelle Partnerschaft eingehen, du darfst nicht stehlen, du darfst nicht lügen, du darfst nicht morden, du sollst deine Feinde lieben, et cetera. Vieles davon ist sicherlich nicht schlecht. Wer würde ernsthaft behaupten, zu lügen oder zu morden wäre gut? Aber wenn wir diese Dinge betonen, kommt unter dem Strich der Eindruck heraus: „Du musst die Regeln einhalten und dann mag dich Gott." Darum geht es aber in Wirklichkeit gar nicht. Deshalb lassen Sie uns einmal genauer hinsehen, was Jesus wirklich gelehrt hat und was wir Christen wirklich predigen (sollten):

Die Lehren von Jesus haben nämlich eigentlich zwei Seiten, die in einer inneren Spannung zueinander stehen.

Einmal sagte Jesus: *„Kommt her zu mir alle, die ihr euch abmüht und unter eurer Last leidet! Ich werde euch* ***Frieden*** *geben, ich will* ***euch die Last abnehmen****! Stellt euch unter meine Leitung und lernt bei mir! Ich komme nicht mit Gewalt und Überheblichkeit. Bei mir findet ihr, was eurem Leben* ***Sinn und Ruhe*** *gibt. Ich meine es gut mit euch – die Last, die ich euch gebe, ist leicht."*[3]

Welch befreiende Botschaft! Kannten Sie diese Aussage von Jesus? Und dies ist nicht nur ein aus dem Zusammenhang gerissenes Zitat - diese Aussage zieht sich wie ein roter Faden durch das gesamte Neue Testament hindurch.

Aber es gibt auch die andere Seite: Jesus lockerte niemals Gottes Maßstäbe und Ideale - nicht in der Begegnung mit dem reichen jungen Mann, nicht in der Geschichte vom barmherzigen Samariter, nicht in der Bergpredigt, auch nicht in seinen Kommentaren zu Scheidung, Geld und jeder anderen (moralischen) Frage.

„Ihr sollt ***vollkommen*** *sein, wie euer Vater im Himmel vollkommen ist"*, sagte Jesus. Und: *„Du sollst den Herrn, deinen Gott, lieben, von* ***ganzem*** *Herzen, von* ***ganzer*** *Seele und mit* ***all deinen*** *Gedanken."*

Starker Tobak. Weder Franz von Assisi noch Mutter Teresa noch irgendjemand sonst hat dieses Gebot jemals erfüllen können. Wer will von sich behaupten, vollkommen zu sein - noch dazu so vollkommen wie Gott? Und wenn selbst Petrus, der engste Mitarbeiter von Jesus, dreimal öffentlich leugnet, ihn zu kennen, wer will es dann schaffen, Gott absolut zu lieben?

Wie passt das zusammen? Setzte Jesus unerreichbare Maßstäbe und nannte das „leicht"? Nein! Es ist eine Spannung. Und diese Spannung ist bei Jesus Programm. Sie ist der ganze Grund seines Kommens.

Fragen wir dazu einmal den russischen Schriftsteller Leo Tolstoi. Als Sohn einer Aristokratenfamilie im Russland des 19. Jahrhunderts genoss er das Leben in vollen Zügen - bis er sich eines Tages nach dem Sinn von Wohlstand und Reichtum fragte. Er studierte das Neue Testament, und fasziniert von Jesus und seiner Lehre begann er, all das wörtlich umzusetzen, was Jesus sagte.

Einmal fragte ein reicher junger Mann Jesus, was er tun müsse, um das ewige Leben zu bekommen. Verkaufe alles, was du hast, und gib das Geld den Armen, antwortete Jesus, woraufhin der junge Mann traurig wegging, „denn er war sehr reich".[4] Nachdem Tolstoi diese Bibelstelle gelesen hatte, schenkte er allen seinen über 200 Leibeigenen die Freiheit, gab die Rechte an seinen Büchern ab und verkaufte seinen Grundbesitz. Er zog Bauernkleidung an und begann, auf dem Feld zu arbeiten. So sehr, dass er seine Familie völlig vernachlässigte.

An einer anderen Stelle in der Bibel steht: „Du sollst nicht lügen." In dem Streben, vollkommen ehrlich zu sein, zeigte Tolstoi seiner Verlobten Sonja vier Tage vor der Hochzeit das Tagebuch, in dem alle seine Geliebten und seine Bordellbesuche aufgezeichnet waren. Für seine Verlobte war dies so kurz vor dem Ja-Wort ein Schock, von dem sie sich nicht mehr erholte. Er hatte damit nur Schaden angerichtet, dabei wollte er doch nur „richtig" leben.

Zeit seines Lebens klafften zwischen Tolstois Ansprüchen und der Realität große Lücken. Seine Familie hatte dabei am meisten unter seinem religiösen Perfektionismus zu leiden. Sonja Tolstoi schrieb einmal: „In seinen Biografien wird man nachlesen können, dass er den Arbeitern half, Wassereimer zu schleppen, aber niemand wird jemals erfahren, dass er seiner Frau niemals Ruhe gönnte und in all diesen zweiunddreißig Jahren seinem Kind niemals ein Glas Wasser reichte oder fünf Minuten an seiner Bettkante verbrachte, um mir die Gelegenheit zu verschaffen, mich von meiner harten Arbeit zu erholen."

Leo Tolstoi hatte hochragende ethische Ideale – doch das Scheitern an diesen Idealen war für ihn tägliche Realität. Auch er selbst war sich dessen sehr bewusst und rang bis zum Ende um den richtigen Weg. Und je mehr Regeln er sich auferlegte, desto mehr erkannte Tolstoi am Ende, dass er sich auf nichts als eine oberflächliche Gesetzlichkeit eingelassen hatte. In seinem Buch *Das Reich Gottes ist in euch* skizziert er daraufhin die Neigung religiöser Systeme, äußerliche Verhaltensregeln aufzustellen, wie es im Judentum, im Buddhismus, im Hinduismus, im Islam und auch im Christentum geschehen ist. Aber Jesus ging, so Tolstoi, ganz anders an diese Fragen heran, weil er sich weigerte, einen Katalog von Verhaltensregeln aufzustellen, an die sich seine Nachfolger hätten halten können. Das führe nur zur Selbstgerechtigkeit. In einem zentralen Abschnitt erklärt Tolstoi den Unterschied zwischen der Botschaft von Jesus und allen anderen Religionen (und an dieser Stelle bekannte er, was er selbst sein halbes Leben lang falsch gemacht hatte):

Ob wir äußerliche Regeln und Lehren befolgen, sehen wir daran, ob sich unser Verhalten mit diesen Regeln deckt. Es ist aber in Wirklichkeit unmöglich, all diese Gebote einzuhalten!

Ob wir der ***Lehre von Jesus*** *gehorchen, sehen wir daran, ob wir uns* ***bewusst*** *sind, dass wir an dieses vollkommene Ideal* ***niemals*** *herankommen. Das Ausmaß, in dem wir uns dieser Vollkommenheit nähern, können wir nicht sehen; alles, was wir sehen, ist die Abweichung.*

Und damit trifft Tolstoi genau den Kern. Jesus machte immer wieder deutlich, dass wir Menschen niemals die Kluft zwischen Gottes Ansprüchen und unserem Versagen überwinden können. Texte wie die Bergpredigt mit ihren unerreichbaren Forderungen („Schaue keine fremde Frau begierig an, sonst hast du in deinem Herzen bereits die Ehe mit ihr gebrochen“) zwingen uns, die gewaltige

Entfernung zwischen Gottes Maßstäben und unserem täglichen Verhalten anzuerkennen.

Genau diese Entfernung ist mit dem alten Wort „Sünde" gemeint. Das schlechte Handeln, das wir an den Tag legen, also zum Beispiel Lügen oder Stehlen, ist nicht das eigentliche Problem. Es spiegelt lediglich die Trennung zwischen uns und Gott wider! Unser falsches Verhalten ist nur das Symptom der Krankheit, nicht aber die Krankheit an sich. Die eigentliche Krankheit ist unsere Trennung von Gott. Diese Trennung liegt in der Natur des Menschen. Das kann jeder bestätigen, selbst ohne sich die abendlichen Nachrichten anzusehen. Man könnte meinen, wir Menschen hätten nicht viel von einem guten Gott mit auf den Weg bekommen. Natürlich existieren gute Menschen und natürlich hat jeder Mensch auch ein Herz und ein Gewissen. Immer wieder versagen wir aber und immer wieder nimmt das Unrecht überhand. Gäbe es sonst so viele Kriege auf der Welt oder so viel Gewalt in unseren Familien? Wessen Leben ist frei von Schuld und ihren Auswirkungen?

Deshalb muss auch jeder Versuch, diese „Krankheit" zu heilen, indem man „gute Werke" vollbringt und sich bemüht, gut zu sein, von vornherein scheitern. Auch hilft es nicht, einfach die Maßstäbe zu ändern und Schlechtes für sich selbst als gut zu deklarieren. Man fühlt sich zwar zunächst besser, aber es bleibt trotzdem nur ein Herumdoktern an Symptomen.

Von Christen wird unsere Situation gerne als tiefe Schlucht dargestellt, die zwei Plattformen voneinander trennt: Auf der einen Seite steht der Mensch und lebt vor sich hin, auf der anderen Seite ist Gott. Natürlich hinkt dieser Vergleich, wie es jeder tut. Aber er ist ein brauchbares Bild, um sich deutlich zu machen, was mit dem biblischen Begriff „Sünde" gemeint ist: Der Mensch auf der einen Seite kann tun und lassen, was er will. Er kann Rituale vollführen, gut leben, sich Gott zuwenden, er kann so viel singen und beten, wie er will - es bringt ihn nicht näher zu Gott. Nicht, solange er auf seiner Plattform bleibt. Eine Brücke muss her!

Auf diese Brücke werden wir gleich zurückkommen. Aber zunächst sind wir hier an einem weiteren Knackpunkt angelangt: Sünde - so wie Jesus sie versteht - passt nicht in die Konzepte der anderen Religionen. Dort gibt es zwar auch diesen Begriff, aber immer im Kontext der *persönlichen, konkreten* Schuld in Folge falschen Verhaltens. Die Vorschriften des Islams sind im Grunde nichts anderes als die Regeln in asiatischen Religionen, die die Reinkarnation als Wurm verhindern sollen. Nur dass man im Hinduismus oder Buddhismus mehrere „Chancen" hat (was nicht unbedingt tröstlicher ist).

Sünde als die prinzipielle Trennung von Gott, ohne die Möglichkeit, durch religiöse Übungen oder wenigstens ein ethisch anspruchsvolles Leben näher an ihn heranzukommen - das kennt nur das Christentum. Und das macht diesen Glauben einzigartig. Sollte das wahr sein, wäre es zumindest ein verständlicher Grund, warum Jesus so hartnäckig die (vermeintlich) vielen Zugänge zu Gott infrage stellte. Denn wenn aus eigener Leistung mit Sicherheit nichts auf meinem Weg zu Gott zu holen ist, dann sind Menschen, die dies versuchen, in der Tat auf dem falschen Dampfer.

Das sind ja tolle Aussichten. Und wenn das wirklich so ist - *warum* ist das dann so? Liegt es nicht in Gottes Hand, wie wir zu ihm kommen? Wie kann man denn nach Jesu Meinung aus diesem Dilemma herauskommen? Laut seinen Aussagen sind wir Menschen ja wohl in einer verzweifelten Lage: Wir können den Ansprüchen Gottes nicht gerecht werden und auch durch noch so starke Anstrengung die Trennung zu ihm nicht überwinden, obwohl wir vielleicht irgendwo tief in uns spüren, dass sich eine Versöhnung mit Gott als sehr bedeutend erweisen könnte, sollte dieser wirklich existieren ...

Zum Weiterlesen in der Bibel:
Brief an die Gemeinde in Rom (Römerbrief), Kapitel 3, Verse 10-20
Brief an die Gemeinde in Rom (Römerbrief), Kapitel 7, Verse 15-25
Matthäusevangelium, Kapitel 5, Vers 48
Matthäusevangelium, Kapitel 11, Verse 28-30
Matthäusevangelium, Kapitel 19, Verse 16-30
Matthäusevangelium, Kapitel 22, Vers 37

Verzweifeln und staunen!

Warum Gott selbst als sein eigener Sohn von einem Teenager geboren wird – und warum das gar nicht so wirr ist, wie es klingt

An dieser Stelle folgt nun das Erstaunliche, der Kern dessen, was Christen Evangelium nennen und was eigentlich jeden Sonntag von den Kanzeln gepredigt wird. Bei aller Aussichtslosigkeit, die vielleicht gerade zum Ausdruck kam: Genau diese verzweifelte Lage ist die einzig angemessene Situation für einen Menschen, der Gott finden will! Es ist - so paradox es klingt - nur möglich, Gott gerecht zu werden, wenn wir (an)erkennen, dass wir genau das durch eigene Anstrengung nicht schaffen.

Verwirrend? Genau das meinte Jesus aber mit „die Last, die ich euch auflege, ist leicht". Nicht das Tun oder Lassen bestimmter Dinge ist der Weg zu Gott. Wenn ich anerkenne, dass ich Gottes wohlwollender Zuneigung bedarf, habe ich diese im selben Augenblick. So einfach. Zu einfach?

Nun, diese Sache ist keineswegs eine Erfindung von Jesus. Denn auch wenn es auf den ersten Blick nicht so aussieht: Schon im Alten Testament, der Zeit vor Jesus, die uns heute oft düster und brutal vorkommt, hat Gott seine Gnadenbereitschaft mehr als deutlich gemacht. Sehen wir uns das einmal genauer an.

Die Israeliten hatten damals das Gesetz von Moses bekommen. Nach diesem Gesetz musste man Gott Opfer bringen für jede Schuld, die man auf sich geladen hatte: eine Taube für eine Lüge, ein Schaf für einen Betrug.

Aber Sinn dieser Opfer - und das ist wichtig - war nicht die Besänftigung Gottes, wie es aus vielen Naturvölkern und der antiken Mythologie bekannt ist! Was sollte Gott auch mit den Dingen anfangen, die er selber geschaffen hat, noch dazu verbrannt? Profitiert Gott von einer geschlachteten Taube oder einer Fuhre verbranntem Heu? Natürlich nicht.

Der Sinn war ein anderer: Die Opfergaben sollten den Menschen ins Bewusstsein rufen, dass sie nicht aus eigener Kraft Gottes Maßstäben gerecht werden können. Sie verdienen aufgrund ihrer Schuld eigentlich die Strafe, die das Tier nun an ihrer Stelle erleiden muss. Ohne Gottes wohlwollende Zuneigung würden sie so enden wie das Opfertier! Die Israeliten mussten also nicht - wie ein verbreitetes Missverständnis lautet - für ihre Sünden opfern, weil Gott so blutrünstig wäre und sich eine zerbrochene Ehe durch den Tod eines Tieres aufwiegen ließe (welch Anmaßung für einen gerechten Gott!). Sondern die Opfer machten einem Menschen klar: „Ich versage immer wieder darin, ‚gut' zu sein. Ich habe durch mein Verhalten gegenüber dem heiligen Gott eigentlich den Tod verdient und ich lebe nur noch, weil Gott mir wohlwollend gesinnt ist."

Und genau an dieser Stelle kommt Jesus ins Spiel. Denn die Opfer des Alten Testaments waren sozusagen die Vorahnungen der Rettung - aber eben nur eine Ahnung und nicht die Wirklichkeit selbst. Anders gesagt: Keines dieser Opfer des Alten Testaments bewirkte tatsächlich Gottes Zuneigung zum opfernden Menschen, genannt Gnade. Sie waren lediglich Hinweise, Wegweiser, die letztlich auf ein zentrales Ereignis der Weltgeschichte zeigten: Denn vor 2000 Jahren, im römischen besetzten Palästina, passierte etwas sehr Außergewöhnliches:

Gott selber, der Schöpfer der Welt, wurde als Mensch geboren - von einem Teenager in einem schmutzigen Stall im Hinterhof eines vollbesetzten Gasthauses: Jesus Christus, Gottes Sohn. Wir feiern das heute als „Weihnachten".

Ja, schon richtig gelesen: Gott selbst ist auf die Erde gekommen. Maria wurde ohne das Zutun ihres Zukünftigen (oder eines anderen Mannes) schwanger und brachte Gottes Sohn zur Welt. Mir ist bewusst, dass das nicht nur wirr klingt, sondern für viele Menschen auch ein großes Hindernis darstellt, sich auf den christlichen Glauben einzulassen.

Tasten wir uns einmal langsam an die Sache heran. Komisch erscheinen uns hier vor allem zwei Gedanken: Der Begriff „Sohn Gottes" mit der dazugehörigen Jungfrauengeburt und die Behauptung, Gott sei als Mensch auf die Erde gekommen, Jesus sei also gleichzeitig Mensch und Gott.

Zunächst einmal zum Begriff „Sohn Gottes". Wenn wir „Sohn" hören, denken wir zuerst an einen männlichen Nachkommen mittels Fortpflanzung, also Sex. Ich kann mit meiner Frau einen Sohn oder eine Tochter bekommen, indem wir miteinander schlafen - klar. Das aber auf Gott anzuwenden bringt jeden Moslem (der Islam lehnt die Gottessohnschaft von Jesus ab, verehrt ihn aber als Propheten) sofort auf die Palme.

Und natürlich ist dieser Gedanke absurd. Natürlich ist Gott nicht Teil dieser Schöpfung - er entzieht sich einer Einordnung in Kategorien wie „männlich" oder „weiblich", Gott ist kein körperliches Wesen und damit auch kein sexuelles. Das ist uns in unserer westlichen, vom Christentum geprägten Welt, völlig klar.

In der Antike - also auch zur Zeit von Jesus - war die Vorstellung, dass Götter Sex miteinander und mit Menschen haben, allerdings gang und gäbe. Man denke an Zeus, der drei Söhne mit Europa, der Tochter des phönizischen Königs Agenor, zeugte. Die römische und griechische Sagenwelt ist voll von solchen Geschichten.

Es gibt nun mehrere Möglichkeiten: Entweder wir sehen die Gottessohnschaft von Jesus als Analogie zu dieser antiken Sagenwelt. Als von den Griechen geklaute Idee, quasi. Jesus als Produkt eines Intermezzos zwischen (einem) Gott und einer Frau, um eine Rechtfertigung für seine Göttlichkeit zu legen. Die Schwierigkeit dabei: Hätten die Autoren des Neuen Testaments ihre Inspiration von Zeus und seinen Kollegen, dann hätten sie ausdrücklich auf eine körperliche Vereinigung zwischen Gott und Maria hingewiesen, um die Sohnschaft von Jesus zu begründen. Dies ist aber nicht der Fall. Sexualität wird im Gegenteil ausdrücklich ausgeschlossen: „Maria wusste noch von keinem Mann", beschreibt es Martin Luther in seiner Bibelübersetzung etwas umständlich. Gemeint ist: Maria war Jungfrau, als sie ihr erstes Kind bekam. Es war keine Sexualität im Spiel. Genau das passt aber nicht zur griechisch-römischen Mythik, bei der es immer irgendwie mit Sex zu tun hatte, wenn es um „Götternachwuchs" ging. Und das wussten auch die Autoren des Neuen Testaments.

Die zweite Möglichkeit: Jesus war „Adoptivsohn Gottes". Einer, der das für sich reklamierte, war den Zeitgenossen von Jesus ständig vor Augen: Kaiser Augustus. Dessen Gönner Julius Cäsar war schon zu seinen Lebzeiten in Inschriften als Gott bezeichnet worden, so zum Beispiel auf einem Säulenkapitell im griechischen Demetrias: „Gaius Iulius Kaisar Autokrátor Theós" (Gaius Julius - Kaiser, Selbstherrscher, Gott) steht dort noch heute in gut erhaltenen Lettern. Nachdem Cäsar durch einen formellen Beschluss seines Quasi-Adoptivsohns Augustus auch offiziell vergöttlicht worden war, ließ Augustus sich selbst fortan „divi filius", Sohn Gottes, nennen. Augustus hatte keine Schwierigkeiten, seinen Anspruch als Sohn [eines] Gottes durchzusetzen. Überall im Römischen Reich und damit auch in Palästina und Judäa war diese Botschaft gegenwärtig. Auf Torbögen war sie genauso zu lesen wie auf allen Münzen, sie wurde in Eidesformeln genauso wie in amtlichen Dokumenten verwendet. Jeder Römer und jeder Jude war sich des Göttlichkeitsanspruchs des Augustus bewusst.

Jesus als Adoptivsohn Gottes - das würde zunächst einmal viele Schwierigkeiten ausräumen. Man könnte zugeben, dass Josef und Maria miteinander geschlafen und dabei Jesus gezeugt hätten. Man bräuchte nicht auf der Jungfrauengeburt zu beharren und hätte so sicher einen großen Stolperstein für viele am Glauben Interessierte beseitigt. Tatsächlich gibt es diese Theorie; manche Theologen deuten Jesu Taufe als den Moment der Adoption, als plötzlich für die Anwesenden eine Stimme zu hören war: „Dies ist mein geliebter Sohn, an dem ich Wohlgefallen habe!"

Allerdings hieße das in der Konsequenz, dass Matthäus und Lukas die Umstände der Geburt falsch dargestellt hätten. Warum aber hätten sie gerade an dieser Stelle etwas Falsches schreiben sollen? Wir haben ja schon gesehen: Die Autoren des Neuen Testaments scheuten sich sonst nicht, dem Leser unbequeme Dinge ungeschönt zu servieren, so wie zum Beispiel die Tatsache, dass seinerzeit „nur" Frauen und damit damals äußerst unglaubwürdige Zeugen die Auferstehung von Jesus entdeckt hatten.

Ich glaube, es geht hier im Grunde schlicht um die Frage nach den Relationen. Natürlich klingt das für uns heute befremdlich: Die Vorstellung einer Jungfrauengeburt ist für jemanden, der weiß, dass die Erde keine Scheibe ist, ziemlich fremd. Keine Kinder ohne Sex - das ist heute jedem Achtjährigen klar.

Andererseits: Wenn ich in dem Wald in der Nähe meines Hauses spazieren gehe, sehe ich liebevoll, phantasievoll und originell gestaltete Pflanzen, Tiere und spazieren gehende Menschen. Wir werden nachher noch einmal darauf zurückkommen, aber ich greife dem hier schon einmal vor: Für mich ist es - so naiv es vielleicht klingt - schwer zu glauben, dass das alles aus purem Zufall entstanden sein soll, ohne jegliche planerische Intelligenz. Und ich vermute einfach mal ganz frech, dass es den meisten Menschen in Wirklichkeit ähnlich geht. Selbst Wissenschaftler können es oft nicht vermeiden, die Evolution sprachlich zu personifizieren. Sätze wie: „Die Natur hat sich einen genialen Schutzmechanismus für die See-Anemonen ausgedacht“, sind Standard in entsprechenden Büchern und Fernsehsendungen.

Aber zurück zum Thema: Angenommen, Gott hatte wirklich seine Finger bei der Entstehung der Erde im Spiel (ganz gleich ob durch Evolution oder „auf einen Schlag“) - sollte es dann ein Problem für ihn darstellen, zum Beispiel ein Spermium in eine Eizelle einer jungen Frau zu pflanzen, wo sich beides vereint und zu einem Menschen entwickelt? Derjenige, der die ganze Welt erschaffen haben soll (übrigens inklusive Sexualität), vollbringt einen weiteren „Schöpfungsakt“. Wenn ich es Gott zutraue, die Lebewesen mit all ihren genialen und durchdachten Einzelheiten zu entwerfen oder zumindest die Evolution so zu steuern, dass etwas Sinnvolles dabei herauskommt, dann gibt es eigentlich keinen Grund, ihm nicht eine Jungfrauengeburt zuzutrauen. Auch wenn das unserer Erfahrungswelt natürlich völlig widerspricht.

Könnte es so gewesen sein? Wenn ja, dann wäre Jesus tatsächlich rein biologisch gleichzeitig menschlich und göttlich - Menschliches und Göttliches verschmolzen zu einem neuen Erbgut, das einen sicherlich nicht ganz gewöhnlichen Menschen hervorbrachte.

Ganz abgesehen davon gibt es aber noch einen anderen Grund, warum sich Jesus „Sohn Gottes" nennen konnte: Er ist ein Teil Gottes, so wie ein Kind Teil einer Familie ist! Dazu muss ich vielleicht ein paar Worte bezüglich einer grundlegenden Idee hinter dem christlichen Gottesbild verlieren: Der Dreieinigkeit.

In der Bibel klingt zwischen den Zeilen ein Geheimnis mit, das Theologen irgendwann als „Dreieinigkeit" zu bezeichnen begannen. Da ist nämlich sowohl von Gott die Rede, als auch vom Sohn Gottes (Jesus), als auch vom Geist Gottes (auch „Heiliger Geist" genannt). Diese treten immer wieder als drei unabhängige Persönlichkeiten auf und scheinen doch zusammenzugehören, eins zu sein. Sie handeln unterschiedlich, haben unterschiedliche Aufgaben und scheinen sogar unterschiedliche Charaktere zu haben. Aber gleichzeitig sind sie auch irgendwie eine Einheit. Jesus sagt beispielsweise: „Mein Vater und ich sind eins."[5] Und auch in den ersten Zeilen des Johannesevangeliums lässt sich erahnen, dass Jesus und Gott nicht nur zusammengehören, sondern ein und derselbe sind - und doch zwei unterschiedliche Individuen. Ähnliches gilt für den Heiligen Geist. Und so finden wir an vielen Stellen in der Bibel Hinweise darauf, dass Gott nicht nur in einer Form in Erscheinung tritt, sondern in drei unterschiedlichen.

Die augenfälligste ist sicherlich die menschliche - nämlich Jesus von Nazareth. Gott kam in Jesus (oder besser „als" Jesus) auf die Erde. Der Geist Gottes dagegen wohnt in allen, die sich zu Gott halten - unfühlbar und doch manchmal bemerkbar. Wir kommen später noch einmal darauf zurück.

Viele Theologen haben versucht, Vergleiche zu finden, die das Ganze greifbarer machen. Am nächsten liegt sicher der Vergleich zum Wasser: Es erscheint mal als Flüssigkeit, mal als Eis, mal als Schnee und mal als Dampf - aber es ist immer Wasser. Schon früh in der Geschichte fand man auch das Bild von drei Fackeln, die dicht zusammenstehen und mit einer einzigen Flamme brennen. Am griffigsten finde ich persönlich das Bild vom Frühstücksbrötchen. Stellen Sie sich ein solches einmal auf Ihrem morgendlich gedeckten Tisch vor, lecker duftend und bereit, genossen zu werden. So ein Brötchen besteht aus vier Zutaten: Mehl, Wasser, Hefe und Salz. Alle Zutaten sind vermengt und unwiderruflich zu einer Einheit geworden. Es ist nicht möglich, aus dem fertigen Brötchen wieder das Mehl, die Hefe oder das Salz zu extrahieren.

Trotzdem treten die einzelnen Bestandteile aber deutlich erkennbar und unterscheidbar zutage, man muss nur wissen, worauf man zu achten hat: Das Mehl ist das, was dem gesamten Brötchen die Grundlage, seinen Körper gibt. Mehl ist das, was wir anfassen, wenn wir das Brötchen hochheben, und das, was wir vor allem teilen, wenn wir das Brötchen mit dem Messer aufschneiden.

Ohne das Wasser wäre dieses Mehl aber nur Pulver, unförmig, nicht essbar. Stellen Sie sich mal ein Brötchen ohne Wasser vor! Nein, die beiden Stoffe brauchen sich gegenseitig, um zum Brötchen zu werden. Sie verbinden sich und erhalten gerade dadurch im Ofen ihre Gestalt.

Die Hefe bringt das Brötchen zum „Wachsen“. Wer schon einmal probiert hat, Brötchen ohne Hefe zu backen, weiß, wovon ich spreche. Der sichtbare Effekt der Hefe ist also, dass das Brötchen schön locker und leicht ist, sonst ist Hefe nicht wahrnehmbar. Hefe bemerken wir beim Brötchen also im Grunde nur, wenn sie fehlt.

Und zuletzt das Salz. Weder es selbst noch seine Auswirkungen sind für unser Auge erfassbar. Aber mit einem anderen Organ können wir das Salz im Brötchen orten – nämlich mit der Zunge. Das Salz gibt dem Brötchen den Geschmack, macht es im wahrsten Sinne genießbar. Ohne Salz wäre doch das ganze Brötchen irgendwie unbrauchbar.

Es gibt mitten in unserem Alltag haufenweise Dinge, die mehrere Elemente in sich vereinen. Die Einzelelemente sind untrennbar, aber sie treten doch auf unterschiedliche Weise und manchmal auch nur für bestimmte Sinne in Erscheinung. So ist es auch mit diesem merkwürdigen Phänomen der Dreieinigkeit Gottes. Und übrigens: Das geht nicht nur mit Materie. Hefen zum Beispiel sind ja tatsächlich Lebewesen, selbst die getrocknete Hefe im Beutel „lebt“ und wird durch die Verbindung mit Wasser nur „aktiviert“. So ein Frühstücksbrötchen kann mir also schön vor Augen führen, dass so etwas wie die „Dreieinigkeit“ durchaus möglich ist. Auch wenn dieses Bild schon allein daran hinkt, dass die Hefe im Backprozess leider ihr Leben lassen muss und auch nicht mehr aufersteht.

Nun, wie auch immer man sich die Besonderheit von Jesus erklärt – der Titel „Sohn Gottes“ war in einer politischen und religiösen Situation wie damals auf jeden Fall Sprengstoff. Erstens für den Kaiser, dessen eigener Göttlichkeitsanspruch damit in Frage gestellt wurde. Und auch für die gläubigen Juden, denn die wussten, dass der von ihnen schon lange (und noch heute) erwartete Messias den Titel „Sohn Gottes" tragen würde. Wer immer sich so nannte, behauptete damit gleichzeitig, der ersehnte Messias des jüdischen Volkes zu sein. Und den hatten sich die Juden wahrlich anders als Jesus von Nazareth vorgestellt. Sie erwarteten einen starken Feldherrn, der sie von der römischen Besatzung befreien würde, nicht einen Wanderprediger, der dazu aufruft, geschehenes Unrecht zu vergeben, ohne Rache zu nehmen. Sie erwarteten einen Kraftprotz, aber Jesus war anders.

Zum Weiterlesen in der Bibel:
Brief an die Gemeinde in Rom (Römerbrief), Kapitel 3, Verse 27-28
Brief an die Gemeinde in Philippi (Philipperbrief), Kapitel 3, Verse 3-9
Markusevangelium, Kapitel 8, Verse 34-37
Brief an die Gemeinde in Ephesus (Epheserbrief), Kapitel 2, Verse 8+9
Hebräerbrief, Kapitel 10, Verse 1-4

Was gehe ich Gott an?

... und was geht es ihn an, wie wir miteinander umgehen?

Und das führt uns zurück zu unserem Dilemma. Ich sagte vorhin, gemäß der Aussagen von Jesus könnten wir nichts aus eigener Kraft auf unserem Weg zu Gott gewinnen. Und gerade haben wir gesehen: Weihnachten - das Fest, an dem wir die Geburt von Jesus feiern - ist deshalb so wichtig, weil Gott damit deutlich macht, wie seine Beziehung zu uns ist. Nicht so, wie wir uns vielleicht einen wütenden Vater vorstellen: Ein Kind hat eine Scheibe eingeschmissen und bekommt vom Vater eine Standpauke, in der die Machtverhältnisse glasklar werden und vor allem, welche Strafen den Schützen nun erwarten. Nein, Gott ist anders!

Gott weiß, dass wir ihn brauchen und er verlangt von uns nicht, dass wir unsere eigenen Fehler wieder völlig ausbügeln. Denn er weiß, dass das aussichtslos ist. In Wirklichkeit geht es ja nicht um zerbrochene Scheiben, sondern um gescheiterte Lebensentwürfe, verkorkste Existenzen und gestrandete Beziehungen. Sicher lässt sich einiges auf zwischenmenschlicher Ebene wieder kitten, aber eine wirkliche Beseitigung der Schuld und ihrer Konsequenzen schaffen wir selbst beim besten Willen selten. Geschehen ist geschehen.

Und vor allem gibt es da noch eine weitere Ebene. Denn jeder Mensch - egal ob Präsident oder Obdachloser - ist ein geliebtes Geschöpf Gottes. Die Bibel ist da glasklar in ihren Aussagen. Das ist einerseits eine gute Nachricht für uns selbst - andererseits machen wir uns aber deshalb auch immer gleichzeitig schuldig an Gott, wenn wir uns an einem anderen Menschen vergehen. Das klingt vielleicht drastisch, ist aber genau der Grund dafür, warum Gott überhaupt etwas damit zu tun hat, wenn ich anderen schade. Oder wenn jemand mir schadet. Schon einmal darüber nachgedacht? Eigentlich könnte es Gott doch herzlich egal sein, was wir uns gegenseitig zufügen. „Sollen sich die Menschen ruhig streiten, Hauptsache, ich habe meinen Frieden …"

Dass dem nicht so ist, ahnen wir. Aber wissen wir auch warum? Dachten Sie bisher, Gott sei ein besonders moralisches Wesen im Sinne von Sitte, Anstand oder Benehmen? Nein, das charakterisiert ihn nicht! Denn würde Gott aus einer rein moralischen Haltung heraus gewisse Handlungen für falsch erklären und Regeln um ihrer selbst willen aufstellen, dann wäre er ein arroganter Wichtigtuer, der vom goldenen Schloss aus auf die kleinen dummen Menschen herunterblickt und sie auf Grund eines elitären Moralkatalogs verurteilt. Denkt sich Gott denn bei einem Glas Wein willkürlich Vorschriften aus, an die sich die Menschen dann zu halten haben?

Diese Darstellung ist natürlich überzogen, spiegelt aber tatsächlich die (vielleicht unbewusste) Ansicht vieler Menschen (und auch erschreckend vieler gläubiger Christen) wider: Sie meinen, Gott habe Gesetze aufgestellt, weil er uns seine eigenen Ansichten und Vorlieben aufdrücken wolle. Fromm verbrämt heißt das dann: „Gottes Gedanken sind höher als unsere Gedanken. Wenn Gott etwas gebietet, ist es schon allein deswegen richtig. Ein Gebot Gottes muss für unseren kleinen Verstand keinen Sinn ergeben."

Zum Glück beschreibt die Bibel Gott anders. Jesus sagte einmal: Alle Regeln, die Gott euch je gegeben hat, kommen nur von einem Ursprungsgedanken her: ‚Liebe Gott und liebe deinen Nächsten wie dich selbst.' Wer dies erfüllt, der hat das gesamte Gesetz erfüllt.[6]

Gott denkt tatsächlich nicht in moralischen Kategorien. Gott handelt vielmehr wie Eltern, die ihrem Kind etwas verbieten, was ihm oder einem anderen Kind schadet. Ist es moralisch, wenn ich meinem kleinen Sohn untersage, Steine auf seinen Freund zu werfen? Ist es moralisch, wenn eine Mutter ihrer kleinen Tochter die Streichhölzer wegnimmt? Ist es moralisch, wenn Gott es als Unrecht ansieht, andere Menschen zu betrügen? Nein, denn sobald ich einen x-beliebigen Menschen betrüge, betrüge ich gleichzeitig auch Gott. Und das selbst dann, wenn dieser Mensch gar nichts von Gott weiß oder wissen will. Wenn ich einem Menschen - inklusive mir selbst - schade, verletze ich damit auch seinen Schöpfer. Gott liebt uns und er hat uns als sein Gegenüber geschaffen. Das macht den Wert eines jeden Menschen aus. Und den habe ich als Mitmensch auch zu akzeptieren. Nur das ist der Grund für Gottes Ge- und Verbote.

Jesus schlägt diesen Bogen, indem er sagt: Alles, was Ihr einem bedürftigen Menschen tut, das tut ihr mir - im Guten wie im Bösen.

Und weil nun Gott auf diese Weise von meiner Schuld gegenüber meinen Mitmenschen betroffen ist, muss er selbst in Aktion treten, wenn diese Schuld je bereinigt werden soll. Selbst wenn ich mich bei meinem Gegenüber entschuldige, bleibt da immer noch etwas zwischen mir und Gott. Wenn Sie vor Ihrem geistigen Auge mal kurz die letzten Wochen rekapitulieren, können Sie sich schnell ausmalen, wie viel da zwischen Ihnen und Gott auf die Dauer zusammengekommen ist. Das kann ich nicht einseitig wegfegen - Gott muss mir vergeben.

Aber wie? Hier sind wir nun an einer sehr wichtigen Stelle für das Verständnis des Lebens und Wirkens von Jesus angelangt. Es geht dabei um Folgendes: Haben Sie sich schon einmal bewusst gemacht, dass Vergebung etwas von beiden Parteien erfordert, sowohl von demjenigen, der um Vergebung bittet, als auch vom demjenigen, der vergibt? Um Vergebung bitten bedeutet Unterordnung, Demütigung und den Verzicht auf seinen Stolz. Selbst zu vergeben bedeutet aber auch einiges, nämlich Nachgeben, Verzicht auf mein gutes Recht und auch ein Stück Aufgeben meines Stolzes. Damit bedeutet es im Grunde für beide Seiten, sich zu erniedrigen.

Das ist eine wichtige Erkenntnis, denn erst wenn einem das klar ist, kann man auch ansatzweise verstehen, warum Gott sich dazu entschieden hat, als kleines Kind auf die Erde zu kommen und sich zeitlebens den Menschen unterzuordnen, ja ihnen zu dienen. Und warum er diesen Weg der Demut konsequent bis zum Ende ging und sich nicht wehrte, als er mit ungefähr 30 Jahren wie ein Verbrecher am Kreuz vor den Toren Jerusalems hing. Denn damit schuf er die Grundlage für die Beseitigung meiner Schuld. Er griff ein Bild, das schon seit Jahrtausenden in der jüdischen Tradition verwendet wurde, auf und spann es weiter zu etwas (fast) Unglaublichem: Gott machte sich zum Opferlamm!

Wir erinnern uns: Bisher wurden die Menschen durch jedes Opfer daran erinnert, dass jeder Einzelne schuldig vor Gott war. Mit dem Opfer im Alten Testament wurde also gleichzeitig zweierlei bewirkt: Einmal die Erinnerungsfunktion an unsere Erlösungsbedürftigkeit, zum anderen aber auch die Annahme des Gnadenangebotes durch den Opfernden. Denn wer das Wohlwollen Gottes nicht wollte, der scherte sich schlicht einen Dreck um Schuld und Opfer. Indem jemand aber den Opfervorschriften nachkam, signalisierte er auch gleichzeitig: Ich bitte dich, Gott, um Vergebung!

Und hier wird noch einmal der (sehr wichtige) Punkt deutlich, den ich weiter oben erwähnt habe: Die Opfer im jüdischen Tempel waren keinesfalls dazu da, um einen zornigen Gott zu besänftigen! Eine solche Vorstellung ist der Bibel völlig fremd. Gott kennt unser Herz - er muss nicht durch Rituale milde gestimmt werden wie ein knatschiges Kind. Vielmehr waren die Opfer um unsretwillen da! Und damit auch das Opfer von Jesus.

Das hängt folgendermaßen zusammen: Damit jemand, der einem anderen Schaden zugefügt hat, seinen Fehler erkennen kann, gibt es Gesetze - damals wie heute. Wie sollte ich wissen, dass man bei Rot nicht über die Ampel fahren darf, wenn es nicht in irgendeinem Gesetz stünde? Gesetze - egal ob geschriebene oder ungeschriebene - regeln das Zusammenleben von Menschen in jeder Gesellschaft. Gesetze sind wirklich nötig, auch wenn sie mich manchmal in meinem Handeln einschränken. Durch das Gesetz kann ein Geschädigter zum Beispiel von mir Schadenersatz fordern, wenn ich ihm sein Auto kaputtfahre. Gäbe es kein Gesetz, so gäbe es auch keinen Anspruch auf Wiedergutmachung. Die Folge sehen wir in den meisten Kriegsgebieten. Es herrschen Anarchie und das Recht des Stärkeren.

Gesetze sind also grundsätzlich erstmal etwas Sinnvolles. Nur ist eben mit jedem Gesetz auch eine Regelung der Wiedergutmachung bei Übertretung verbunden. Sonst wäre das Gesetz ein zahnloser Tiger. Dies gilt sowohl auf zwischenmenschlicher Ebene als auch in unserer Beziehung zu Gott.

Um nun die Verbindung zu Jesu Tod zu sehen, muss man wissen, dass für die Menschen im Orient - und damit auch in der semitischen Kultur - Handlungen oft einen Symbolcharakter haben. Mehr noch: In der orientalischen Kultur hängen Symbol und Wirkung ganz eng zusammen. Schon in der Sprache wird das deutlich. Im Hebräischen gibt es beispielsweise die Vokabel „dbar", die sowohl „Wort" und „Ausspruch" als auch „Sache" und „Geschehen" bedeutet - alles in einem. Diese Verknüpfung merkt man auch daran, dass Menschen im Orient ihr Reden gerne durch Handlungen unterstreichen. Das reicht vom wilden Gestikulieren in Diskussionen bis hin zum Beispiel zum Zerreißen der Kleider vor Trauer als Zeichen dafür, wie sehr es ihnen das Herz zerreißt.

Und das gilt auch und gerade im Großen: Im Alten Testament wird uns die Geschichte vom Propheten Hosea erzählt (ca. 784-725 v. Chr.), der von Gott beauftragt wurde, eine Hure zu heiraten, um die Liebe Gottes zu seinem treulosen Volk ganz praktisch zu demonstrieren. Wer nun denkt, es hätte Hosea wahrlich schlimmer treffen können, der verkennt, wie verstoßen und verabscheut käufliche Frauen in der damaligen Zeit waren und wie undenkbar es war, dass eine solche Frau je wieder einen Mann finden würde, der sie wirklich liebte. Hosea zeigte ganzes Engagement unter Einsatz seiner sozialen Stellung, um eine Aussage Gottes zu verdeutlichen.

Und nun kommen wir zu Jesus zurück: Wenn nun Gott selbst die Rolle des Opferlamms übernimmt, sich im wahrsten Sinne des Wortes schlachten lässt und damit die Schuld der Welt auf sich nimmt, dann ist das ein starkes Bild - aber gleichzeitig viel mehr als ein bloßes Symbol. Die Bibel berichtet, dass im selben Moment, in dem Jesus starb, Gott im Tempel der unsichtbaren Welt das letztgültige Opfer darbrachte, sich selbst. Er opferte seinen Anspruch auf Wiedergutmachung, seinen Anspruch auf Einforderung der Strafe für unsere Schuld.

Damit erfüllte Gott seinen Teil, der zur Vergebung notwendig ist, quasi im Vorgriff auf unsere Bitte um Vergebung und gleichzeitig als Einladung dazu.

Auf den ersten Blick sieht die Geschichte der Kreuzigung von Jesus so aus: Die religiöse Elite der Juden wollte Jesus loswerden. Und Pontius Pilatus, der amtierende römische Statthalter, war nicht Manns genug, um sich dem Druck der anwesenden Menge zu widersetzen. Er fürchtete einen Aufstand in einer Situation, die durch die gerade stattfindenden höchsten Festtage der Juden sowieso angespannt war. So kreuzigten die Römer Jesus auf Betreiben der obersten jüdischen Priester. Das ist der erste Blick: Ein unbequemer religiöser Aufrührer wird beseitigt.

Auf den zweiten Blick erlangt der Tod von Jesus aber eben diese ganz andere, um ein Vielfaches höhere Brisanz: Das, was mit den Opfern im Alten Testament angedeutet wurde, fand im Tod von Jesus nun (endlich) seine Erfüllung. Die Vorahnung wird zur Wirklichkeit. Ganz ungewollt wurden die Hohepriester und die römischen Besatzer zu Komparsen in einem schon lange von Gott geplanten Drama, dessen Höhepunkt tatsächlich die barbarische Kreuzigung dieses Rebellen, der sich Sohn Gottes nannte, war.

Wenn Jesus - wie die Hohepriester glaubten - nur ein ganz normaler Aufwiegler war, dann war sein Tod nur eine Kreuzigung unter vielen, die im römischen Reich zur damaligen Zeit durchgeführt wurden. Eine Angelegenheit, die schnell vergessen gewesen wäre.

Wenn er aber wirklich Gottes Sohn war? Gott selbst? Wenn Gott sich wirklich in diesem Moment am Kreuz hat schlagen, bespucken, beleidigen, erniedrigen und letztendlich töten lassen? Was, wenn wir hier etwas Einmaliges in der Geschichte der Welt vor uns haben und etwas, was unter den Religionen Seinesgleichen sucht? Gott verzichtet auf seine Herrschaft, seine Herrlichkeit, seine Macht, um zum Opferlamm zu werden, das für die Schuld der Welt geschlachtet wird? Das Lamm, das klarmachte, dass Gott unsere Schuld „im äußersten Meer versenken will", wie es der Bibelautor Micha viele Jahrhunderte zuvor einmal formuliert hatte?

Wenn das zutrifft, dann ist diese Situation von noch nie dagewesener Qualität. Ein unerhörter Vorgang. Wenn Gott nicht auf seinem Recht beharrt und damit die festgefahrene Schuldsituation zwischen mir und ihm noch zementiert, sondern um mich zu retten damals am Kreuz den ersten, entscheidenden Schritt auf mich zu machte – dann konzentriert sich doch in diesem Moment und in diesem Kreuz die geballte Liebe und Gnade Gottes ...

Also lautet die gute Nachricht: Gott hat den ersten Schritt getan! Er hat sich vor uns Menschen klein gemacht, er verzichtet auf sein Recht, die Strafe für unsere Schuld einzufordern. Er nimmt unsere Schuld von uns – als der Einzige, dem das möglich ist. Und trägt damit auch dazu bei, unsere zwischenmenschlichen Beziehungen zu heilen. Ist das nicht ein völliger Kontrast zu dem, was Islam, Buddhismus und all die anderen Religionen lehren, die nichts von einem liebenden Gott und von Jesus als seinem menschgewordenen Sohn wissen? Ist das nicht eine befreiende Nachricht? Das ist das Evangelium, die frohe Botschaft, von der in der Kirche immer die Rede ist.

Wenn das allerdings auch völlig anders ist als das, was Sie selbst in der Kirche und von Christen gelernt haben, dann haben Sie doch bitte noch etwas Geduld - wir kommen gleich noch auf diesen Punkt zu sprechen.

Zum Weiterlesen in der Bibel:
Matthäusevangelium, Kapitel 22, Verse 37-40
Matthäusevangelium, Kapitel 25, Verse 31 und folgende
Zweiter Korintherbrief, Kapitel 5, Vers 21
Galaterbrief, Kapitel 3, Vers 13
Jesaja, Kapitel 53, Verse 4-6
Micha, Kapitel 7, Verse 19 und 20

Porentief rein?

Was unser Leben mit einem Tischtuch zu tun hat und warum Vollwaschmittel hier nicht hilft

Zunächst stellt sich aber noch eine Frage - und zwar kurz gesagt: Warum der ganze Aufwand mit Schuld und Vergebung? Warum sieht Gott, wenn er uns gnädig ist, nicht einfach auf unsere Herzenseinstellung, erkennt eine gute Lebensweise an, drückt ein Auge zu bei den Dingen, die wir falsch machen? Wozu die Aufregung? Er sieht doch, wer sich bemüht, gut zu leben und wer eine gute Bilanz vorweisen kann. Und wer ein schlechtes Herz hat, voller Habgier und Egoismus. Warum muss erst jemand leiden und sterben - auch wenn es Gott selbst ist - damit die Schuld beseitigt werden kann? Warum nimmt Gott uns nicht einfach mit oder trotz unserer Schuld an, zumindest, wenn wir uns bemühen, gut zu leben?

Ich kann jeden verstehen, der eine Rettung durch die Kreuzigung als bizarr empfindet und Schwierigkeiten hat, das ganze Gerede vom Kreuzestod mit einem guten und allwissenden (und ergo nicht auf den Kopf gefallenen) Gott zu vereinbaren.

Aber es gibt eine Erklärung dafür und wir wollen mal versuchen, einen Blick auf sie zu erhaschen, indem wir für einen Moment unsere althergebrachten Vorstellungen von Gottes Gerechtigkeitsempfinden hinterfragen.

Zunächst: Die Bibel beschreibt Gott mit dem alten Wort „heilig". Heilig bedeutet: abgesondert vom Bösen - Gott hat nichts damit zu tun. Er kann nicht einfach über Schuld hinwegsehen. Sie verträgt sich nicht mit einem heiligen Gott, so wie ein sauberes Tischtuch sich einfach nicht mit

Flecken verträgt. Mit Flecken ist es nicht mehr sauber, nicht mehr rein. Deshalb passt das nicht zusammen.

Entsprechend können wir selbst nur in „heiligem" Zustand Gott begegnen. Und dabei hilft es uns eben nicht, *auch* Gutes zu tun. Wir müssten *nur* Gutes bzw. *nichts* Schlechtes tun. Illusorisch.

Überhaupt weiß ich gar nicht, wie sich bei uns die Vorstellung einbürgern konnte, dass gute Taten schlechte irgendwie aufwiegen könnten - wie bei einem Punktekonto. Schließlich stimmt das in keinster Weise mit unserem eigenen Rechtsempfinden überein: Ein Mörder muss ins Gefängnis, auch wenn er ein Waisenheim leitet. Wer vormittags ein Auto stiehlt und sich nachmittags für hilfsbedürftige Menschen engagiert, ist trotzdem des Diebstahls schuldig und kein Richter wird deshalb einfach über den Diebstahl hinwegsehen. Und wenn ich meinen Partner betrüge, dann wird das nicht dadurch besser, dass ich nett zu anderen Menschen bin. Vielleicht federn meine guten Seiten - so sie denn stark überwiegen - meinen Fehler oder mein Verbrechen etwas ab. Aber sie werden meine Schuld nie ganz wegnehmen können.

Kann da eine positive Bilanz auf einem Punktekonto helfen? Stellen wir uns einmal ein Tischtuch im Laden vor: Wenn auf dem Tuch ein Rotweinfleck ist - egal wie groß -, so gilt es als schmutzig. Auch wenn die restlichen 99% des Stoffs strahlend weiß sind. Wer würde ein solches Tischtuch kaufen, auch wenn der Verkäufer noch so sehr beteuerte, es hätte doch eine tolle Reinheitsbilanz? Nein, das ganze Tischtuch wäre unverkäuflich und müsste gewaschen oder sogar weggeschmissen werden.

Wenn nun wir mit Tischtüchern schon so wählerisch sind - wie könnte dann der heilige Gott einfach die Schuld der Menschen übersehen? Gott kann und will unsere Schuld nicht auf die leichte Schulter nehmen. Und Gott macht dabei keine Unterschiede zwischen großen und kleinen Sünden. Fleck ist Fleck. Selbst der kleinste Missgriff und viele unserer tagtäglichen Gedanken trennen uns von einem Gott, der „heilig" ist. Und das hat letzten Endes gravierende Konsequenzen. Die Bibel berichtet, dass uns nach dem leiblichen Tod eine neue Realität in Gottes Gegenwart erwartet. Aber wenn sich heiliger Gott und fehlerhafter Mensch nicht vertragen - was bleibt uns dann außer der ewigen Gottesferne, dem ewigen Tod, der Hölle oder wie auch immer wir es nennen?

Gut, ich gebe zu: Mit der Androhung von Hölle, Tod und Teufel hat die Kirche bereits zahllose Generationen erfolgreich geknebelt und hörig gemacht. Aber es ist alles eine Frage des Stehenbleibens oder des Weitergehens. An dieser Stelle bleiben nämlich all diejenigen stehen, die Religion für Machtzwecke missbrauchen wollen. Oder die sich nur einen gewaltigen, unnahbaren, furchterregenden Gott vorstellen können. Diese Vorstellung findet man nicht nur im Abendland. Wenn man genau hinsieht, stehen an diesem Punkt alle Religionen der Welt. Beim Thema Tod und Jenseits setzt immer das Druckmittel an, wenn man je nach Gusto an seiner Selbstverbesserung arbeiten oder andere unterdrücken und gefügig machen möchte.

Aber wer dabei tatsächlich stehenbleibt, der hat die Rechnung ohne den Wirt gemacht. Denn die biblische Botschaft lautet: Gott geht den entscheidenden Schritt weiter - den Schritt auf uns zu!

Richtig bleibt natürlich: Es ist mehr als konsequent, dass der Mensch stirbt, weil er von Gott getrennt ist (und das durch seine Taten immer wieder beweist). Genauso wie es konsequent ist, dass ein zerbrochenes oder leckes Tongefäß vom Töpfer zerschlagen und weggeworfen wird. Die Bibel ist nüchtern und pragmatisch genug, um diesen gewagten Vergleich zu ziehen. Politiker fordern vor jeder Wahl Ehrlichkeit und dass den Menschen die Wahrheit über die unbequemen Dinge gesagt werden muss, obwohl sie es in Wirklichkeit selten tun. Die Bibel macht uns keine Illusionen. Wozu auch? Was würde es uns bringen, wenn uns das Bild eines Kuschelgottes gemalt würde, obwohl er in Wirklichkeit einen absoluten und unnachgiebigen Maßstab an unser Leben legt? Was würde uns die Illusion von Selbstbestimmung und Stattlichkeit bringen, wenn wir doch in Wirklichkeit nichts anderes als Ton in den Händen eines Töpfers sind? Ich glaube, Gott wäre kein guter Politiker - denn er verspricht uns nicht das Blaue vom Himmel herunter, sondern legt die unbequemen Fakten ganz klar und (zunächst) gnadenlos auf den Tisch: Wir Menschen, ausnahmslos alle, handeln mehr oder minder falsch. Wir haben alle unsere größeren oder kleineren Flecken auf der Weste. Wir versagen alle, gemessen an den Maßstäben Gottes. Und deshalb hätte er jedes Recht, uns zu zerschlagen.

Doch nun kommt das große „Aber", der Schritt über den Hölle-Tod-und-Teufel-Punkt hinaus, der Schritt, den niemand sonst tut außer Jesus. Der Schlüsselsatz lautet: „Wir sind für Gott nicht nur belanglose Tongefäße." Obwohl jeder von uns nur Geschöpf eines Schöpfers ist - oder gerade deshalb - sind wir mehr als Material, mehr als Knochen und Muskeln, mehr als Kohlenstoff und Kalium. Wir sind Individuen, wir können denken, fühlen und entscheiden. Und Gott liebt uns! Er will nicht einfach zusehen, wie wir ins Verderben rennen. Die Bibel beschreibt ziemlich bildlich, wie dem Erschaffer der Welt diese Trennung im Herzen so wehtut, dass er uns nicht einfach aufgibt. Er macht sich stattdessen auf den Weg zu seinen Menschen.

Wir erinnern uns nochmal: Weil jeder Mensch Gottes Geschöpf ist, machen wir uns immer auch an Gott schuldig, wenn wir dem anderen schaden. Diese Schuld steht wie eine Mauer oder wie ein Graben zwischen uns und Gott, weil Gott „heilig“ ist und wir schuldig gewordenen Menschen deshalb nicht in seine Nähe kommen können. Und Gott obliegt es zu entscheiden, ob er unsere Schuldscheine einlöst und damit von uns die Strafe für diese Schuld fordert. Oder ob er – was ebenfalls in seiner Macht steht – die Schuld beseitigt. Nicht einfach wegwischt, sondern wirklich beseitigt. Und eben dafür hat er sich entschieden und tat, was nötig war: Uns eine Brücke über diesen Graben zu bauen.

In dem Augenblick, als Jesus am Kreuz von Golgatha starb – und er damit seinen Weg der Opferbereitschaft konsequent bis ans bittere Ende gegangen war – war der erste Schritt getan. Gott hatte sich erniedrigt und auf sein klares Recht auf Einforderung der Strafe für unsere Schuld verzichtet. Er hat die Schuld auf sich genommen als das ultimative Opferlamm.

Als die Nachfolger von Jesus sein Grab zwei Tage nach seinem Tod leer auffanden, wurde deutlich, welche Konsequenz der Sieg Jesu hat – auch für uns. Seine körperliche Auferstehung bedeutet: Der Abbau und die letztendliche Arbeitsverweigerung unseres Organismus haben keine Auswirkung mehr auf unsere Zukunft – der körperliche Tod ist vom Fragezeichen zum Doppelpunkt geworden.

Der Tod ist besiegt und bedeutet nicht mehr das Ende unserer Existenz, sondern der Beginn einer ganz neuen! Wenn das mal keine gute Nachricht ist ...

Zum Weiterlesen in der Bibel:
Römerbrief, Kapitel 5
Römerbrief, Kapitel 3, Vers 20
1. Korintherbrief, Kapitel 15, Vers 55

Alles in Butter?

Warum wir die Wahl haben, ob wir selbst schuld sind oder nicht – und warum es besser ist, wenn die Vase gleich heil bleibt

Und? Wie ist es mit Ihnen? Empfinden Sie das, was Sie bisher über Jesus gelesen haben, als gute Nachricht? Ist der Exklusiv-Anspruch von Jesus, über den wir am Anfang gesprochen haben, nun für Sie etwas nachvollziehbarer? Hat sich vielleicht sogar Ihr Bild von Gott etwas geändert? Wenn Sie Gott bisher als unnahbar und bedrohlich empfunden haben, dann gaben die Zeilen in diesem Buch Ihnen bis jetzt wohl zumindest Anlass, sich zu wundern.

Und nun stellt sich nur noch eine Frage: Wenn Gott unsere Schuld vergibt, gilt das dann automatisch auch für mich? Sind Tod und Auferstehung von Jesus eine Generalamnestie für alle Menschen - gute wie böse? Pauschal und für jeden? Oder gibt es da Unterschiede? Einen Haken?

Neulich habe ich mal wieder meine Versicherungen durchgeschaut. Es gibt ja in der Tat sehr sinnvolle und total überflüssige Versicherungen. Eine, die jeder haben sollte, ist die Haftpflichtversicherung. Denn es gilt der juristische Grundsatz: Wer etwas in die Hand nimmt, der hat auch die Verantwortung dafür. Simpel, aber folgenschwer: Wenn ich die teure Blumenvase meines Nachbarn hochhebe und durch die Gegend trage, bin ich auch dafür verantwortlich. Lasse ich sie fallen, muss ich sie bezahlen. Wenn ich sie aber dem Besitzer wieder in die Hände zurücklege, dann bin ich auch meine Verantwortung wieder los. Wenn dieser sie fallen lässt, muss er den Schaden selbst bezahlen. Pech für ihn, Glück für mich.

Leider gibt es für das Leben und meine Beziehung zu Gott keine solche Versicherung. Umso mehr stehen wir alle selbst vor der Wahl: Halten wir die Herrschaft über unser Leben fest - und sind damit auch selbst dafür verantwortlich? Dann müssen wir auch die Konsequenzen tragen und die Kluft zwischen Gottes Heiligkeit und uns durch unsere eigene Leistung überwinden. So wie der Pilger in Tibet zum Beispiel, der oft monatelang mit Tüchern und Holzkeilen um Hände und Füße über Straßen, Felsen und Eiswüsten wandert, sich immer wieder nach ein paar Schritten auf den Boden werfend. Oder wie der Moslem, der sich fünfmal am Tag zum Gebet gen Mekka wendet und sich zuvor rituell mit Wasser oder Sand reinigt, um nicht unwürdig vor Gott zu treten. Oder der Westeuropäer, der jeden Tag versucht, gut zu sein und die Zehn Gebote einzuhalten und der doch jeden Tag erneut scheitert - oft im Kleinen und manchmal im Großen.

Bitte nicht falsch verstehen: Ich respektiere und bewundere den Einsatz und die Ausdauer eines tibetischen Pilgers, eines strenggläubigen Moslems oder eines um Gutes bemühten Europäers. Ich kann mir in punkto Gewissenhaftigkeit und Hingabe von ihnen einige Scheiben abschneiden. Aber wenn die Bibel Recht hat und es stimmt, was wir im letzten Kapitel besprochen haben, dann bringt das diese Menschen keinen Schritt näher zu Gott - denn sie versuchen immer wieder, sich selbst mit eigener Kraft zu erlösen. Sie versuchen, die Flecken auf ihrem Tischtuch durch besonders weiße Stellen aufzuwiegen.

Ich glaube, jeder, der ehrlich zu sich selbst ist, muss zugeben, dass es ein hoffnungsloses Unterfangen ist, die eigene Schuld selbst vollständig zu beseitigen - vorausgesetzt, er unterstellt dem Gott an den er glaubt nicht, dass der sich mit unperfekten Handlungen und halbherziger Absolvierung von bestimmten Ritualen zufrieden gibt. Sobald Gott tiefergehende Ambitionen hat und uns wirklich in unser Herz sieht, ist selbst der ambitionierteste Gläubige verloren - ohne Jesus.

Denn Evangelium heißt: Ich kann mein Leben in die Hände Gottes legen. So wie die Vase, die ich in die Hände des Besitzers zurücklege. Wenn Gott mein Leben gehört, dann trägt er auch die Verantwortung dafür. Erinnern wir uns an die leichte Last, die Jesus uns auferlegen will? Der einzig mögliche Weg, Gott gerecht zu werden, ist das Eingeständnis, dass ich es aus meiner eigenen Kraft nicht schaffe, mein Tischtuch rein zu machen. Wenn ich mich aber Gott zuwende, ihn um Vergebung bitte und damit anerkenne, dass ich Gottes Gnade bedarf, dann habe ich sie im selben Augenblick.

Denn dann - und nur dann - kann die Kraft, die von Jesus am Kreuz ausgeht, auch für mein Leben wirken. Wenn ich meine Taten lieber selbst verantworten möchte, so kann ich das tun. Der Maßstab, den wir an andere anlegen, wird auch an uns selbst angelegt werden,[7] sagte Jesus. Das gilt nicht nur für meine Beurteilung anderer - auch das Maß, das ich an mich selbst anlege, zählt. Wenn ich darauf bestehe, aus eigener Leistung gut sein zu wollen, dann wird Gott mich auch daran messen. Und dabei soll das Ergebnis nicht vernichtend sein? Bei mir wäre es das.

Deshalb lege ich lieber den realistischen Maßstab an mich selbst an: Ich bedarf Gottes Gnade, seiner Vergebung. Ich nehme Gottes Angebot an und gebe die Verantwortung für mein Leben - und damit auch für meine Schuld - an ihn ab.

Ich vermute, eine Frage schießt Ihnen bei diesen Zeilen sofort durch den Kopf: Was bedeutet es denn konkret, Gott die Verantwortung zu übergeben? Heißt das etwa ...

... selbst verantwortungslos zu handeln?

Verantwortungslos ist es, rein ich-bezogen zu leben und sich nicht um das Leid anderer zu scheren. Verantwortungslos ist es aber auch, gesellschaftlichen Umgang starr zu reglementieren, um möglichst fehlerlos zu leben, statt sich von der Liebe Gottes antreiben zu lassen, die er uns in Jesus entgegenbringt.

„Wer vorwärtskommen will, muss lernen, Regeln intelligent zu brechen", hat ein weiser Mensch einmal gesagt. Jesus hat das immer wieder getan, indem er klarmachte: Gottes Regeln sind nicht zum Schaden der Menschen da, sondern zu ihrem Nutzen.

Als die schriftgelehrten Juden Jesus einmal kritisierten, weil er am Sabbat (unserem Sonntag) für den Lebensunterhalt seines Umfelds gesorgt hatte (was man laut den religiösen Gesetzen der Schriftgelehrten nicht durfte), sagte er: „Der Sabbat ist um des Menschen Willen da, nicht der Mensch um des Sabbats willen!" Jesus brach also nicht Gottes Regeln, sondern er grub deren Sinn wieder aus. Er durchschaute das, was die Menschen daraus gemacht hatten, und stellte es bloß.

... Selbstverleugnung bis hin zur Selbstaufgabe?

Nun, im Prinzip ja. Es ist aber etwas anderes damit gemeint, als es auf den ersten Blick scheint. Es bedeutet gerade nicht, nur als graues Mäuschen herumzulaufen (manche Christen missverstehen das tatsächlich so). Es bedeutet eben nicht, von mir selbst nichts zu halten und mit gesenktem Haupt durch den Alltag zu schleichen. Gott hat uns nicht umsonst mit vielfältigen Gaben ausgestattet, die jeden Menschen innerlich und äußerlich attraktiv machen. Er hat uns nicht umsonst mit Sexualität ausgestattet und uns gegenseitig unverschämt anziehend gemacht. Und er hat uns nicht umsonst einen eigenen Kopf mit eigenem Willen gegeben, der durchaus auch querdenken kann und soll.

Der Punkt ist nur: Das ist mir von Gott geschenkt! So wie das begehrte Kunstwerk sich nicht selbst rühmen kann, sondern dem Künstler die Ehre gibt, ist es auch mit uns in Bezug auf unseren Schöpfer. Dass das Kunstwerk dem Künstler die Ehre gibt, macht das Kunstwerk nicht schlechter - im Gegenteil ehrt es doch das Kunstwerk, wenn es sich zu seinem (berühmten) Künstler bekennt. Was ist ein echter Picasso wert, wenn unter ihm ein Schild „Unbekannter Maler" klebt? Die Museumsverwaltung würde es vielleicht nicht einmal für nötig halten, ihn durch eine eigene Alarmvorrichtung zu schützen.

Wie vielfach wertvoller wird das Bild plötzlich, wenn daneben eine Tafel mit der Aufschrift „Pablo Picasso" prangt? Wenn wir unserem Schöpfer die Ehre geben, nimmt uns das nicht unseren Wert - es gibt ihn uns erst.

Und wenn sich das Werk eines Künstlers selbst schlecht und hässlich macht, dann fällt auch keine Ehre auf den Künstler zurück. Es liegt also nicht in Gottes Absicht, dass sich Christen so klein und unscheinbar wie möglich durch die Nacht stehlen. Sondern vielmehr sollen wir alles, was Gott in uns hineingesteckt hat, nutzen und so zu einem Licht in dem Dunkel der Welt werden. Jeder Mensch kann etwas dazu beitragen, jeder.

... sich zurückzulehnen und auf bessere Zeiten zu warten?

In den Grundlagen unseres Daseins und in letzter Konsequenz: Ja! Es ist ein Grundvertrauen, dass ich nie tiefer fallen kann als in Gottes Hand. Er fängt mich auf und trägt mich, wo ich am Ende bin, wo mich Krankheit, Unglück oder (Selbst-)Zweifel plagen.

Aber das nur in letzter Konsequenz. Für mein Handeln bedeutet es genau das Gegenteil. Gibt mir der Glaube daran, dass mich jemand trägt, nicht die Ruhe, um die Herausforderungen, die mir das Leben stellt, mit einer inneren Gelassenheit und Kraft anzupacken? Ermöglicht mir eine solche Rückendeckung nicht erst, mich für andere Menschen zu engagieren, mich für die Belange von Benachteiligten einzusetzen – im wahrsten Sinne des Wortes selbstlos zu sein?

... willenlos zu werden?

Wenn ich Gott mein Leben anvertraue, dann gehe ich von der Grundannahme aus, dass Gottes Gedanken gut sind. Ich wäre dumm, wenn ich jemandem mein Leben anvertrauen würde, dessen Weisheit meiner eigenen nicht viel vorausshat. „So viel wie der Himmel höher ist als die Erde, so viel höher stehen meine Wege über euren Wegen und meine Gedanken über euren Gedanken", sagt Gott zu Jesaja. Ich darf und soll zu Gott mit meinen Sorgen und Nöten kommen - egal wie groß oder klein sie mir erscheinen. Aber das hat natürlich nicht die Konsequenz, dass ich Gott frage, ob es besser ist, heute Abend Pizza oder Spagetti zu essen. Und manche Menschen glauben, Gott hätte bereits einen vorgefertigten Plan für jede Sekunde ihres Lebens und sie müssten ihn nur noch herausfinden oder könnten sich sogar gar nicht dagegen wehren. Ich glaube das nicht. Wenn Gott uns als freie Menschen geschaffen hat, wenn Gott möchte, dass wir uns für ihn entscheiden - wie könnte er dann unsere Entscheidungen schon vorgeben? Ich glaube genausowenig, dass es *die* Partnerin oder *den* Beruf für uns gibt - Gott begleitet uns mit seinem Segen, egal für welchen Beruf und für welchen Partner wir uns entscheiden.

Aber bei vielen dieser Entscheidungen beziehe ich irgendwann - je mehr ich Gott kennenlerne - ganz natürlich Gottes Perspektive mit ein, immer mit dem gerade skizzierten Grundvertrauen. Mit Gottes Überblick und Weisheit kann ich einfach nicht mithalten.

Die Auswirkung davon ist folgende: Einerseits sehe ich Situationen und Menschen mit anderen Augen. Nach und nach und nicht von heute auf morgen - aber immer wieder und immer öfter. Ich kann besser wegsehen von meinen eigenen Bedürfnissen und kann den anderen freundlicher, geduldiger und wohlwollender behandeln. Und andererseits motivieren mich nicht mehr Moral oder Erziehung, wenn ich beispielsweise meine Steuererklärung korrekt ausfülle, obwohl ich mit ein paar illegalen

Kniffen deutlich mehr herausschlagen könnte. Oder wenn ich in brenzligen Situationen ehrlich bleibe, auch wenn das im ersten Moment zu meinem Nachteil ist.

Mich motiviert dann das Vertrauen, dass ich auf Gottes Wegen besser fahre, auch wenn die anderen um mich herum vielleicht spotten. Bei Entscheidungen auf Gott zu bauen, das ist die wohl wichtigste, aber zugleich auch spannendste und erfüllendste Auswirkung eines Lebens mit Gott im Alltag.

Zum Weiterlesen in der Bibel:
Jesaja, Kapitel 55, Vers 9
Matthäusevangelium, Kapitel 7, Vers 2
Römerbrief, Kapitel 8, Vers 15

Moral oder guter Draht?

Warum Christen oft (fälschlicherweise) so leistungsorientiert sind, oder: Warum der kurze Dienstweg besser ist als eine lange Hausordnung

Christen haben also eine gute Botschaft (griechisch „eu-angelion" = Evangelium), die sie ihren Mitmenschen weitergeben können. Zeugt es nicht von der Großartigkeit und Menschenliebe Gottes, dass er es als gute Nachricht erachtet, wenn wir uns nicht religiös abmühen müssen, sondern bereits alles getan ist und wir nur „Ja" sagen müssen?

Aber ich weiß ... ein solches „Ja" ist mindestens genauso schwierig oder sogar noch viel schwieriger, als eine vorgegebene Leistung zu erbringen. Vor allem für Menschen, denen ihre Eltern nie die Möglichkeit gegeben haben, Vertrauen zu lernen. Sich ganz in die Arme Gottes fallen zu lassen ist eine leichte und zugleich eine sehr schwere Entscheidung.

Sie ist so schwer, dass selbst Christen immer wieder in eine fatale Falle tappen (und damit kommen wir zu dem Punkt, warum sich das hier Gesagte vielleicht nicht mit Ihren Erfahrungen mit Kirchen und Christen deckt): Wie oft wird „Christsein" als das Für-Wahr-Halten von Glaubenssätzen und das Einhalten von Regeln und Moralvorstellungen definiert - sowohl von einfachen Christen als auch von Pastoren und Pfarrern.

Na ja, ganz ehrlich: Es ist ja auch wirklich angenehm, ein festes System zu haben, eine kleine Welt, in der wir uns auskennen und in der wir uns in allen Fragen schnell und effektiv orientieren können. Also eine einfache Ordnung, möglichst schwarz-weiß, ohne komplizierte Grauzonen.

Das fühlt sich dann auch so schön heilig an. Wir können uns (gegenseitig) sauber einteilen in „der liegt richtig" oder „der liegt falsch" und wissen immer ganz genau, wo wir stehen. Wie idyllisch.

Bereits Jesus hatte mit dieser Einstellung zu kämpfen. Da gab es zum Beispiel die frommen Juden, die das Gesetz Gottes aus den Mose-Büchern nach Strich und Faden zerlegt hatten und ein Regelwerk schufen, das selbst im überbürokratisierten Deutschland seinesgleichen suchen würde. Jede Kleinigkeit des Alltags war bis ins Detail geordnet. So lautet das vierte der Zehn Gebote Gottes zum Beispiel eigentlich: *„Halte den Ruhetag in Ehren, den siebten Tag der Woche! Er ist ein heiliger Tag, der dem HERRN gehört. Sechs Tage sollst du arbeiten und alle deine Tätigkeiten verrichten; aber der siebte Tag ist der Ruhetag des HERRN, deines Gottes. An diesem Tag sollst du nicht arbeiten, auch nicht dein Sohn oder deine Tochter, dein Sklave oder deine Sklavin, dein Vieh oder der Fremde, der bei dir lebt."*[8]

In der damaligen Zeit war diese Regelung eine Revolution für den Arbeitnehmerschutz! Aber man machte ein Korsett daraus, das die Menschen sogar zwang, einander am Ruhetag („Sabbat") nicht zu helfen, weil das als von Gott angeblich verbotene Arbeit eingestuft wurde.

Jesus hatte seine liebe Mühe klarzustellen, dass der Ruhetag - unser Sonntag - für den Menschen da ist und nicht der Mensch für den Ruhetag. Es sollte ein Tag des Entspannens sein, ein Tag, an dem ich nicht an Arbeit und Brot denken muss, sondern mich um meine Beziehung zu Gott und zu meinen Mitmenschen kümmern *darf*.

Doch in dieser Hinsicht war Jesus erfolglos. Kaum war er nicht mehr körperlich auf der Erde anwesend, hatten seine Anhänger nichts Besseres zu tun, als die alte Tradition dieser „Gesetzlichkeit" wieder aufzunehmen. In der Folge haben wir Christen uns über viele Jahrhunderte hinweg ein System von Regeln und Moralvorstellungen aufgebaut, das nur sehr langsam wieder zu entknoten ist. Viele halten es noch heute für den Kern des christlichen Glaubens und stehen Gott deshalb sehr kritisch gegenüber. Und das kann ich gut nachvollziehen.

Schon Martin Luther am Ende des fünfzehnten Jahrhunderts sah seine Kirche gefangen in der Versuchung, sich die Gnade Gottes durch Regeln und Vorschriften zu erarbeiten. Gute Werke, regelmäßiger Kirchgang und regelmäßige Beichte, verbunden mit Bußauflagen waren der Hoffnungsstrohhalm, an den sich die Menschen in ihrer Aussichtslosigkeit klammerten - und den zu allem Überfluss einige Kirchenoberen noch fleißig zum Ausbau ihrer Macht nutzten. Hoher psychischer Druck, Predigten über Höllenqualen und am Ende sogar das Angebot, sich die Gnade Gottes mit Geld erkaufen zu können, waren die hässlichen Folgen. Martin Luther konnte und wollte sich damit nicht abfinden. Seine Seele wurde von der brennenden Lebensfrage geplagt: „Wie bekomme ich einen gnädigen Gott?"

Die Antwort fand er in der Kapitulation vor dieser Frage. Nicht wir können uns einen gnädigen Gott machen - Gott ist gnädig und wir stehen nur vor der Entscheidung, diese Gnade zu akzeptieren oder sie abzulehnen.

Diese Erkenntnis war machtvoll genug, um die Kirche zu sprengen, die damals die Gesellschaft bestimmte. Luther wollte eigentlich keine eigene Konfession gründen, sondern nur die falschen Entwicklungen in der damaligen Kirche bekämpfen. Aber der Lauf der Dinge verselbstständigte sich. Die Menschen hatten genug von geistlicher Unterdrückung und religiösem Zwang, der doch nichts anderes hervorbrachte als Verstellung, Lüge und Hoffnungslosigkeit. Die befreiende Botschaft von Jesus Christus als dem Gnadenangebot Gottes an jeden Menschen entfaltete 1495 ihre Wirkung genauso gewaltig, wie sie es 1500 Jahre zuvor schon einmal getan hatte. Damals eroberte die Liebe Gottes trotz aller Widerstände das römische Weltreich, nach Luthers Reformation veränderte sich auch die römisch-katholische Kirche und besann sich wieder auf ihre Wurzeln - auch wenn das einige Zeit benötigte. Doch nach und nach erkannten auch diejenigen, die noch in ihrer Gesetzlichkeit gefangen waren, dass der Mönch aus Wittenberg am Ende recht hatte: Gott streckt uns die Hand aus und wir können sie einfach ergreifen.

Wer das letztendlich erkannt hat und ernstnimmt (diesen Moment oder Prozess nennt man übrigens „Bekehrung"), für den öffnen sich ganz neue Horizonte. Das Leben bekommt plötzlich eine tragfähige Basis.

Nicht der Kampf um den richtigen Weg, die richtige Tat und das richtige Verhalten bestimmt nun den Alltag, sondern die Freude über Gottes Gnade. Es ist ein Leben aus Dankbarkeit, in dem viele Dinge - gerade im Umgang mit anderen Menschen und auch mit sich selbst - anders laufen als vorher.

Natürlich ist man nicht plötzlich ein völlig anderer Mensch. Aber eins verändert sich: Es zieht eine neue Größe in unser Denken und Handeln ein. Etwas, das die Verbindung zu Gott herstellt und hält: Der Geist Gottes, auch „Heiliger Geist" genannt. Er ist ein Teil Gottes in uns - kein besseres Gewissen, sondern Gottes Gegenwart, ein Stück vom

Denken und Fühlen Gottes. Ein Stück Geheimnis, schwer erklärbar, aber erfahrbar.

In der Bibel erzählt eine der ersten Geschichten davon, dass die Menschen den Zugang zum Paradies verloren, nachdem sie sich von Gott abgewandt hatten. Damals wurde etwas verspielt, das wir uns heute gar nicht mehr richtig vorstellen können: Die direkte Verbindung zu Gott. Die beiden Menschen in der Geschichte konnten unmittelbar mit Gott kommunizieren - ihn vielleicht sogar sehen. Sie hatten eine greifbare Gemeinschaft mit ihrem Schöpfer. Die Bibel nennt das Paradies.

Gott hatte den Menschen von Anfang an alle (!) Freiheiten gegeben - es gab nur ein Tabu. Die Geschichte benutzt dafür das Bild von Bäumen in einem Garten: Von jedem Baum durften die Menschen essen, außer von einem, dem „Baum der Erkenntnis". Die Früchte dieses Baums schenkten die Fähigkeit zur Unterscheidung zwischen Gut und Böse. So wie ein Richter heute ins Gesetzblatt sehen kann, um Recht von Unrecht zu unterscheiden, weil das Wissen um Richtig und Falsch fixiert ist.

Weil die Menschen aber damals im Paradies diesen Baum zunächst nicht anrührten, hatten sie folglich diese Erkenntnisse noch nicht. Sie konnten scheinbar tatsächlich keinen Katalog rezitieren, was gut und was schlecht war. Kurz gesagt: Es gab damals kein Gesetz.

Und das Erstaunliche ist: Damit ging es den Menschen offenbar sehr gut. Diese Unkenntnis hat nicht dazu geführt, dass man sich gegenseitig meuchelte. Der direkte Draht zu Gott reichte aus, damit die Menschen sich intuitiv so verhielten, dass eine gute Gemeinschaft untereinander und mit Gott existierte. Man könnte sagen: Sie trugen die

Regeln des Umgangs miteinander in sich selbst. Sie trugen das Gesetz in ihren Herzen, gespeist durch die direkte Verbindung mit Gott.

Aber dann kam die Wende: Die beiden ließen sich dazu verführen, dieses einzige Tabu zu brechen! Sie vertrauten Gott nicht mehr, dass dieses Tabu seinen Sinn hatte. Selbst wie Gott sein zu wollen, selbst die Gesetze von Gut und Böse zu kennen und diese Zusammenhänge selbst beurteilen zu können - das war ein allzu verlockendes Angebot. Ein verlockendes Angebot, aber auch ein fataler Irrtum.

„Das Wichtigste ist die Verbindung zu dir - und es wäre mein Ende, wenn ich diese Verbindung verlier", singt Xavier Naidoo, selbst überzeugter Christ. Den Menschen in unserer Geschichte reichte es nicht mehr, Gott das Urteil zu überlassen. Sie wollten einander selbst anhand des Wissens um Gut und Böse richten - und damit auch sich selbst. Aber auf diese Weise lehnten sie auch ganz automatisch Gottes Angebot der Vergebung ab. Denn entweder richte ich mich selbst oder lasse mich von Gott richten. Entweder ich nehme die Vase in die Hand oder ich vertraue sie dem Besitzer an. Beides gleichzeitig geht nicht.

Das ist das eigentliche Kernstück der Geschichte von Adam und Eva: Der Mensch schließt sich selbst von der Gnade Gottes aus, weil er sein eigener Richter sein will. Er wollte selbst wie Gott sein, aber der Schuss ging nach hinten los. Jetzt erkannte der Mensch plötzlich, dass er bisher nicht nur unter Gottes wohlwollender Zuneigung gelebt hatte, sondern auch von ihr abhängig war. Der Mensch war (und ist) selbst gar nicht fähig, permanent „gut" zu sein. Immer wieder stolpert er, immer wieder fällt er, immer wieder kommen Flecken aufs Tischtuch und immer wieder macht er dabei einiges kaputt. Er weiß zwar jetzt, was gut und was schlecht ist, aber mit dem Kopf allein lassen sich daraus noch nicht die nötigen Konsequenzen ziehen – dafür mangelt es uns an Kraft. Das kennt bis heute jeder. Selbst diejenigen, die es wirklich gut meinen, machen Fehler und werden oft genug Opfer ihrer eigenen Unzulänglichkeit.

„Der Mensch sieht nur mit dem Herzen gut", sagte der kleine Prinz. Das „Gesetz" im Herzen zu tragen ist besser, als es nur im Kopf zu wissen und immer wieder daran zu scheitern. Genau diese Erkenntnis hatten auch unsere beiden Menschen aus der Geschichte recht bald. Als sie den Zugang zum Paradies – die direkte Verbindung mit Gott – verloren hatten und sich die Regeln des Umgangs miteinander nicht mehr von Gott ins Herz schreiben ließen, sondern sie auf eigene Faust verwirklichen wollten, wurde offensichtlich, dass sie darin gnadenlos versagten. Schon bald entstand der erste Neid und kurz darauf geschah der erste Mord. Die Schuld hatte in der Welt Einzug gehalten.

Und mit der Schuld die Trennung von Gott. Eva und Adam schlichen mit gesenktem Haupt durch den Garten Eden, als ihnen bewusst wurde, was sie getan hatten. Sie versteckten sich vor Gott und wurden von ihm des Paradieses verwiesen. Und sie versteckten plötzlich ihre Nacktheit voreinander. Schuld vor Gott bringt auch immer Trennung zwischen den Menschen mit sich.

Lange Zeit mussten die Menschen nun mit diesem Keil leben, der sich zwischen sie und Gott und die Mitmenschen geschoben hatte. Einige Zeit sah es ziemlich aussichtslos aus. Irgendwann gab Gott dem Volk Israel die berühmten Gesetze, allen voran die Zehn Gebote. Aber selbst mit den Gesetzen in der Hand scheiterten die Menschen ständig. Immer wieder mussten sie zum Tempel nach Jerusalem pilgern, um stellvertretend für ihre Schuld ein Opfer darzubringen (wir sprachen am Anfang darüber).

Bis Gott sich selbst zum Opfer machte ... Das öffnete den Weg zurück - zurück zu Gott. Und wer sich eben fragte, warum wir Menschen uns nicht einfach umdrehen und wieder Gott die Beurteilung überlassen - der hat die gute Nachricht von Jesus Christus in vollem Umfang verstanden! Adam und Eva konnten nicht umkehren, das war nicht ihre Entscheidung. Aber wir heute können umkehren, das ist die gute Nachricht. Genau das ist das Angebot, das Gott durch das Kreuz gemacht hat: Der Weg „zurück" ist keineswegs für immer zu. Er steht seit Jesus wieder offen und de facto konnten wir ihn heute wie auch die Menschen vor Jesus beschreiten - indem sie ihr Vertrauen auf Gott legten. Die Bibel macht das ganz deutlich. Wer sich wieder zu Gott umdreht, dem will Gott das Gesetz (wieder) ins Herz schreiben. Dem gibt er den Heiligen Geist. Der wird Kind Gottes. Der wird Christ.

Zum Weiterlesen in der Bibel:
2. Mosebuch, Kapitel 20

Schön und gut – aber gibt es Gott überhaupt?

Warum eigentlich jeder ahnt, dass es Gott gibt und warum auch die Leute eine Chance haben, die dieses Buch nicht gelesen haben

Am Ende bleiben nur noch zwei Fragen übrig, die bisher unbeantwortet geblieben sind. Beide hängen zusammen und beide sind von grundlegender Bedeutung. Und damit sind wir auch gleichzeitig beim vielleicht wichtigsten Kapitel dieses Buches. Denn alles, was ich bisher von Gottes Liebe und Gnade und dem Angebot, sein Vertrauen auf ihn zu legen, geschrieben habe, macht überhaupt keinen Sinn und erscheint völlig irrelevant für den, der gar nicht an die Existenz eines Gottes glaubt.

„Ich war im Himmel und habe mich genau umgesehen. Es gab keine Spur von Gott", sagte der Russe Juri Gagarin, der als erster Mensch 1961 ins Weltall flog und unsere Erde von außerhalb sah. Eine ebenso sachliche wie emotionale Aussage – für die Sowjetideologie zumindest war es eine triumphale Feststellung. Dass man Gott nicht einfach oberhalb der Stratosphäre besuchen konnte, war natürlich allen klar. Aber die symbolische Geste, in Gottes traditionelle Wohnstatt eingedrungen zu sein und alles leer vorgefunden zu haben, war Wasser auf die Mühlen atheistischen Spotts gegen Christen, Juden, Moslems und alle anderen, die an die Existenz eines Gottes glauben.

Viele Menschen in Deutschland sind – vor allem im Osten – mit der selbstverständlichen Annahme aufgewachsen, dass es keinen Gott gibt. Warum auch? Es gibt so viel Schlechtes auf der Welt, so viel läuft schief. Und wir haben nicht nur hausgemachte Probleme: Auf Naturkatastrophen oder Epidemien hat der Mensch nur einen beschränkten Einfluss. „Wenn es einen Schöpfer gibt, wer ist er dann?", fragt Jostein Gaarder in einem seiner Bücher.[9] Gibt es denn überhaupt eine Spur Gottes, noch dazu eine positive, in dieser Welt?

Die Bibel hat eine Antwort und zwar im Zusammenhang mit der zweiten noch offenen Frage. Sie lautet: Was ist mit den Menschen, denen noch kein Christ begegnet ist, denen niemand gesagt hat, dass es einen Gott gibt, dass sie ihr Leben Jesus anvertrauen können und die nie die Chance hatten, sich dafür zu entscheiden, in die ausgestreckten Arme des lebendigen, liebenden Gottes umzukehren? Sind sie alle verloren?

Der Apostel Paulus, weit gereister Prediger und fleißigster Schreiber des Neuen Testaments, wagte die Antwort in seinem Brief an die damalige Gemeinde in Rom. Diese Antwort ist so simpel, dass man fast versucht ist, sie als zu platt abzutun. Sind es aber nicht oft die einfachen, offensichtlichen Dinge, in denen die größte Wahrheit steckt, und übersieht man nicht allzu oft den Wald vor lauter Bäumen?

Denn Paulus fordert uns ganz schlicht auf: Schaut euch um! Schaut in den Spiegel! Wir Menschen hatten schon immer einen Beweis für Gottes Existenz und einen Hinweis auf seinen Charakter vor Augen: Nämlich uns selbst und das, was um uns herum ist - die Natur, die Schöpfung.

Und tatsächlich ist dies auch für mich selbst der Punkt, der mir immer wieder die Zuversicht gibt, dass an der Sache mit Gott wirklich etwas dran ist. Wenn bei mir Zweifel aufkommen (obwohl ich schon viel mit Gott erlebt habe), muss ich mich nur aufmachen und mit offenen Augen durch die Welt gehen. Jedes Mal bin ich wieder erstaunt von der Pracht der Vegetation, von der Kreativität, von der unendlich liebevollen und ausgefeilten Art, wie alles um mich herum gemacht ist. Wie fantasievoll ist die Vielfalt der Blüten, wie filigran und großartig ist jedes Detail gestaltet, wie durchdacht das Zusammenspiel der Kräfte. Ganz zu schweigen von den Tieren und von uns Menschen selbst. Dahinter soll nichts als zufällige Mutation und natürliche Auslese stecken?

Ich lade Sie ein, sich einmal ein wissenschaftliches Buch über den Aufbau des menschlichen Körpers (oder eines anderen Lebewesens) zu nehmen, es aufmerksam durchzusehen und sich dabei die „Wenn nicht"- Frage zu stellen: Was wäre, wenn dieses oder jenes Detail sich nicht durch die Kräfte von Mutation und Auslese korrekt entwickelt hätte? Spielen Sie dies an verschiedenen Organen und Organfunktionen unterschiedlicher Tierrassen und Pflanzenarten durch. Und staunen Sie ...

Von mir aus hat sich die Erde in Jahrmillionen durch die von Charles Darwin beschriebene Evolution entwickelt. Aber dass dies ganz von alleine geschehen sein soll, ohne dass jemand steuernd eingegriffen hat, kann ich nicht glauben. Je mehr ich mich mit der Materie beschäftige, desto stärker stößt mir die schiere Unzahl an Eventualitäten auf. Es sind mir definitiv zu viele „Wenns". Und auch die langen Zeiträume, die die Unwahrscheinlichkeit wahrscheinlicher werden lassen sollen, trösten mich wenig. Wenn sogar Charles Darwin freimütig bekannte: „Der Gedanke an das Auge lässt mich am ganzen Körper erschauern", dann fühle ich mich in ganz guter Gesellschaft.

Deshalb geht es mir immer noch so: Wenn ich an Gott zweifle, muss ich mir eine der Blumen auf meinem Balkon ansehen - ich kann wieder an einen liebenden Gott glauben. Manchmal braucht man etwas ganz Schlichtes, Naives, um im Leben weiterzukommen.

Eifrige Verfechter einer Evolutionstheorie ohne Gottes Zutun reagieren hingegen sehr emotional und oft richtig aggressiv, wenn man es wagt, ihr Weltbild in Frage zu stellen. Auf der anderen Seite kommen sie im eigenen Sprachgebrauch aber nicht ohne eine ständige Personifizierung der Evolution aus: Sätze wie „Die Natur hat sich einen genialen Schutzmechanismus für die See-Anemonen ausgedacht" sind Standard in entsprechenden Büchern und Fernsehsendungen (achten Sie mal darauf!). Dies bestätigt die Argumentation des Paulus: Wer sich umsieht (und kein absolut überzeugendes Denkmodell hat, das eine Schöpfung ohne Gott erklären kann), der muss unweigerlich zu dem Schluss kommen, dass es eine höhere, intelligente, kreative Macht gibt - Gott. Eben davor haben viele Menschen Angst - unberechtigterweise, wie wir gesehen haben.

Und ich denke, man kann aus der Schöpfung mehr als nur die Existenz eines Erschaffers lesen. Mir sagt ein Blick aus dem Fenster dreierlei:

1. ... **dass** es einen Gott geben muss.

2. ... **dass** er freundlich, phantasievoll und voller Liebe für seine Menschen ist.

3. ... **dass** in dieser guten Schöpfung etwas durcheinandergeraten ist - dass sich etwas Böses eingeschlichen hat - dass die Beziehung zwischen

Schöpfung und Schöpfer nicht mehr so ist, wie sie eigentlich sein sollte. Die Kluft zwischen Schöpfer und Mensch ist überall offenbar.

Sind diese drei Dinge nicht offensichtlich? Ich glaube, dass die Schöpfung uns weit mehr über das Wesen Gottes offenbart, als es auf den ersten Blick scheint. Sie zeigt vor allem, dass es sich lohnt, über unsere distanzierte Haltung, egal ob ängstlich oder überheblich, gegenüber diesem mächtigen, phantasievollen und liebevollen Gott nachzudenken und uns ihm schließlich zuzuwenden. Und so die Kraft von Jesu Opfer und Auferstehung an uns wirksam werden zu lassen.

Dieses Angebot ist nicht auf Zeit und Raum beschränkt, sondern gilt für alle Menschen aller Zeiten an allen Orten, die ihren falschen Stolz und ihre Rebellion gegen Gott ablegen und sich Gott anvertrauen. Da ist die Bibel ganz deutlich, denn auch den Protagonisten des Alten Testaments wird ihr Vertrauen auf Gott „zur Gerechtigkeit gerechnet", wie es der Brief an die Hebräer beschreibt.

Und deshalb gibt es auch Hoffnung für alle Menschen, die (noch) nicht die Chance hatten, von Jesus und der Liebe Gottes zu hören. Ich weiß nicht, wie Gott das genau macht. Aber Paulus sagt: Nichts von der Guten Nachricht gehört zu haben, ist keine Ausrede! Wer sich mit offenen Augen umsieht, kann Gott erkennen und muss sich damit im Klaren sein, dass sowohl sein eigenes Verhältnis zu Gott als auch sein Verhalten gegenüber den Mitmenschen *nicht* egal ist. Er wird also mit dem gleichen Maßstab gemessen, den ich auch in diesem Buch beschrieben habe – seine Herzenshaltung, seine Hinwendung zu Gott oder seine Ablehnung ihm gegenüber.

Darum lohnt es sich auch, Menschen die Frohe Botschaft von Jesus Christus zu bringen und darum lohnt es sich, diese Botschaft zu hören. Wie viel Sorge und Last wird von meinen Schultern genommen, wenn ich endlich erfahre, dass Gott wirklich existiert, dass er mit mir persönlich Kontakt aufnehmen will und dass er mich zu allem Überfluss so liebt, dass er sogar selbst den ersten Schritt auf mich zugegangen ist.

Wie sehr würde diese Erkenntnis das Leben eines gottesfürchtigen Moslems, eines Hindus oder eines Buddhisten ändern - aber auch das eines Bewohners des christlichen Abendlandes, der tagtäglich darum bangt, ob er gottgefällig lebt oder nicht, ob er alle Regeln eingehalten und alles richtig gemacht hat! Und wie dringend brauchen Menschen mit einem kalten und selbstsüchtigen Herzen die liebevolle, aber bestimmte Korrektur durch Menschen, die wissen, dass sie nur aus der Gnade Gottes leben können?

„Wenn es einen Schöpfer gibt, wer ist er dann?", fragt Jostein Gaarder, und fährt fort: „Und wenn es keinen Schöpfer gibt, was ist dann diese Welt?". Was ist dann diese Welt? Was ist dann mein Leben?

Zum Weiterlesen in der Bibel:
Römerbrief, Kapitel 1, Verse 19+20
Römerbrief, Kapitel 4, Vers 3
Matthäusevangelium, Kapitel 27, Verse 50-54
Hebräerbrief, Kapitel 9, Vers 15

Jetzt sind Sie am Zug!

Genug geredet, jetzt wird es konkret

Alles bisher war graue Theorie, nun ist die Entscheidung an Ihnen - oder darf ich „Du" sagen? Da Sie mir ja nicht antworten können, tu ich's einfach mal und bitte die um Verzeihung, denen das unangenehm ist.

Jeder Mensch ist vor die Wahl gestellt, auch du: Wie ist deine Haltung gegenüber Gott? Willst du dein Leben auf ihn hin ausrichten oder lieber von ihm weg? Willst du das Angebot seiner Gnade, die er durch Jesus Christus den Menschen gezeigt hat, annehmen und ihm dein Leben anvertrauen? Willst du dich für Gott entscheiden, in dem Wissen, dass Gott sich schon lange für dich entschieden hat? Willst du die Vase in sichere Hände geben?

Oder willst du den eigenen (falschen) Stolz siegen lassen, Gott ablehnen und dein Heil in die eigenen Hände nehmen? Die Wahl liegt bei dir. Gott ist bereit, die Verantwortung für deine Schuld zu übernehmen. Eigentlich hat er es schon getan - damals am Kreuz vor den Toren Jerusalems. Du kannst das auch für dein Leben relevant machen. Aber das geht naturgemäß nur, indem du dich dafür entscheidest. Denn Gott ist auch bereit, deine Entscheidung gegen ihn zu akzeptieren. Gott will keine Marionetten.

Wie steht es mit dir?

Wenn dir jemand dieses Buch geschenkt hat, dann klappe dieses Buch doch einfach zu und sprich ihn oder sie an. Erzähle ihm/ihr deine Gedanken, redet miteinander.

Um Gott sein Leben anzuvertrauen, ist kein großer Aufwand nötig, auch keine bestimmte Form. Es ist eine Herzensentscheidung und du weißt in deinem Inneren, ob du sie schon getroffen hast oder nicht.

Gott sein Leben anzuvertrauen ist wie zu einem geliebten Menschen zu gehen und sich an seine Schulter zu lehnen. Mit Gott kann man reden. Beten ist wie reden mit einem Freund - ohne Formeln oder Riten, laut oder im Stillen. Jesus sagte uns, wir sollen „Papa" zu Gott sagen, vertrauensvoll wie ein kleines Kind. Alles hört Gott sich freundlich an, weil er unser Herz wohlwollend ansieht. Versuche einfach, ihm gegenüber deine Gefühle zu formulieren; bitte ihn, dich an der Hand zu nehmen, das Ruder deines Lebens zu übernehmen.

Wenn du nichts mit alledem anfangen konntest, dann meinen Respekt, dass du trotzdem bis hierher durchgehalten hast! Wenn dich das Thema gar nicht berühren würde, hättest du vermutlich zwischendrin aufgehört und das Buch weggelegt. Ich bitte dich herzlich, einfach dranzubleiben. Geh mit offenen Augen durchs Leben, rede mit allen möglichen Leuten darüber - oder nimm am besten direkt mal eine Bibel zur Hand und lies das Original. Es gibt sie in jedem Buchhandel absolut erschwinglich und in modernen Übersetzungen, die sich flüssig lesen lassen. Ihre Titel lauten zum Beispiel „Neues Leben Bibel", „Gute Nachricht Bibel" oder „Hoffnung für alle". Es lohnt sich!

Es wäre schön, wenn dieses Buch für dich zu einer Veränderung im Leben geführt hat. Wenn nicht, dann war es vielleicht Anstoß zum weiteren Nachdenken. Wie du dich auch entschieden hast oder noch entscheidest - ich wünsche dir, dass du Gottes Liebe kennenlernst - jeden Tag mehr. Und dass Gott dich begleitet und dein Leben

Stück für Stück verändert. Denn Gott ist Liebe. Auf ihn kann man wirklich vertrauen.

Wenn du weitere Fragen hast, dann lade ich dich ein, zu fragen. Eine Anlaufstelle im Internet möchte ich hier empfehlen:

> www.jesus.de

Eine rege Community mit vielen Teilnehmern. Hier kann jeder seine Fragen stellen, aber auch jeder antworten. Komm mit anderen Christen ins Gespräch und finde eine aktive Gemeinde in deiner Nähe.

Jesus von A-Z

Hintergründe zu Jesus, seinem Leben und seiner Zeit

Beruf

Der Beruf des Stiefvaters von Jesus wird mit dem griechischen Begriff „tékton“ bezeichnet. In den Bibelübersetzungen wird dieses Wort meist mit „Zimmermann“ übersetzt, was aber falsche Vorstellungen weckt, denn bei uns stellt man sich darunter einen Handwerker vor, der mit Holz arbeitet. Holz war damals in Israel aber ausgesprochene Mangelware. Man baute vornehmlich mit Stein und Lehm. Korrekterweise müsste man Josef – und damit auch Jesus, der nach seiner Schulausbildung traditionell den Beruf des Vaters erlernt hatte – demnach als Bauhandwerker oder Baumeister bezeichnen.

Die letzten Reste des griechischen Wortstammes spiegeln sich in unserem heutigen „Architekten“ wieder – dem Erz- oder Haupt-Baumeister. Jesus hat also keine Bänke, Tische und Regale gezimmert, sondern war – so würde man heute sagen – „auf dem Bau“.

Eltern

Die Eltern von Jesus waren Maria und Josef. Josef war Bauhandwerker (→„Beruf“), Maria war seine Verlobte. Über beide ist in der Bibel wenig berichtet - weder über ihre Herkunft noch über die Lebensumstände vor den Ereignissen um Jesus ist etwas bekannt. Aber klar ist: Die beiden wollten heiraten, als Maria plötzlich schwanger wurde. Das war eine Katastrophe in der damaligen Zeit, sodass Josef plante, sie heimlich zu verlassen. Paradoxerweise deutet gerade dieser Plan darauf hin, dass die Verbindung von Maria und Josef auf Liebe basierte und keine von den Eltern eingefädelte Zweckehe war. Denn eigentlich hätte Josef jedes Recht gehabt, Maria offen als Hure anzuklagen, zu verstoßen und hinrichten zu lassen. Und das wäre durchaus der übliche Weg gewesen. Immerhin musste er zunächst davon ausgehen, dass sie fremdgegangen war - und das vor der Hochzeit mit ihm. Das wollte Josef aber nicht, denn er liebte sie. Indem er sie heimlich verließ, konnte er zumindest ihr Leben retten - so sein Plan. Und indem er offenließ, ob das Kind von ihm war, konnte er sie eventuell sogar davor bewahren, gesellschaftlich an den Pranger gestellt zu werden.

Doch dann hatte Josef einen Traum, in dem ihm gesagt wurde, dass Maria nicht fremdgegangen war, sondern vielmehr vom Heiligen Geist schwanger geworden war. Was wir heute vielleicht spöttisch als Ausdruck des Zweifels sagen würden („Das war bestimmt der Heilige Geist“) war für Josef überzeugend genug, seine Pläne zu begraben und Maria fortan trotz aller Widrigkeiten zur Seite zu stehen.

Dabei ist zu bedenken, dass Marias Biografie keineswegs mit der einer jungen Frau von heute vergleichbar war. Mädchen zur damaligen Zeit waren mit 12 oder 14, wenn sie die Schule verließen, heiratsbereit. Es wäre deshalb verwunderlich, wenn Maria viel älter als 15 gewesen wäre, als sie mit Jesus schwanger wurde. Da die Männer meistens erstmal einen Beruf erlernten und eine Existenz aufbauten, bevor sie eine Familie gründeten, war es nicht ungewöhnlich, wenn der Bräutigam 20 und älter war, die Braut aber viel jünger. Das ist vermutlich auch der Grund, warum Josef ab dem 30. Lebensjahr Jesu nicht mehr erwähnt wird - er ist wohl entsprechend der damaligen Lebenserwartung mit 40 oder 50 gestorben.

Feste

Sind manche christliche Strömungen bis heute für ihren Purismus im Bezug auf ausgelassene Fröhlichkeit bekannt, so waren doch Feste und der damit verbundene Tanz, Gesang und Weingenuss fester Bestandteil des antiken jüdischen Lebens - und damit des Lebens von Jesus.

Den Schwerpunkt der Festivitäten innerhalb eines jüdischen Jahres bildeten die religiösen Feste.

Das **Passahfest** war - und ist - dabei das wichtigste. Es erinnerte an den Auszug des Volkes Israel aus Ägypten. Es wurden Lämmer im Tempel geschlachtet und diese anschließend im Rahmen einer genau vorgeschriebenen Familienzeremonie in den Häusern gegessen. Im Rahmen eines solchen Passahfestes fand auch das letzte Mahl von Jesus statt, das heute im gottesdienstlichen „Abendmahl" nachvollzogen wird. An diesem Abend sagte Jesus die berühmten Worte: „Nehmt und esst, denn das ist mein Leib", und: „Jeder von euch soll davon trinken, denn das ist mein Blut", und spielte dabei auf seinen eigenen bevorstehenden Opfertod an.

Das **Wochenfest** war eine Art Erntedankfest und eine Erinnerung an den Bund, den Gott mit Israel am Berg Sinai geschlossen hatte. Es fand 50 Tage nach Passah statt (griechisch „pentekoste", was unser heutiges Pfingstfest zu seinem Namen gebracht hat). Es war ein sehr fröhliches Fest, die Verkündigungen hatten die Treue des Volkes zu dessen Bund mit Gott zum Thema. Das Wochenfest war eines der Pilgerfeste, zu denen oft bis zu 150 000 Menschen aus ganz Israel und dem Ausland nach Jerusalem strömten - und damit die normale Einwohnerzahl der Stadt verdreifachten.

Im Herbst wurde am 1. Tischri (dem ersten Monat des jüdischen Kalenders, etwa September/Oktober) das **Neujahrsfest** gefeiert, der Tag des Lärmblasens. Ähnlich wie bei uns heute wurde das neue Jahr mit möglichst großem Krach begrüßt.

Zehn Tage danach folgte **Jom Kippur**, der Tag des großen Verzeihens. Fromme Juden bereiteten sich auf diesen Tag mit Fasten, Stille und häufigen Waschungen vor. Es ging darum, sich seiner Schuld bewusst zu werden, während der Hohepriester das einzige Mal im Jahr das Allerheiligste des Tempels betrat. Dort bat er um Vergebung für die Sünden des Volkes. Danach legte er einem Ziegenbock die Hand auf den Kopf und übertrug symbolisch alle Schuld des Volkes auf das Tier, welches dann von einem Mann unter frenetischem Jubel des Volkes in die Wüste gejagt wurde.

Im **Laubhüttenfest** entlud sich anschließend die Freude über die neu empfangene Vergebung. Pilger und Einheimische wohnten für eine Woche in Laubhütten (als Erinnerung an die Zeit, als ihre Vorfahren 40 Jahre als Nomaden durch der Wüste wanderten), feierten die Trauben- und Olivenernte und sangen gemeinsam Danklieder für Gott.

Neben den religiösen Festen gab es natürlich ständig irgendwelche Feiern, seien es Hochzeitsfeiern oder einfach gesellschaftliche Zusammenkünfte aus beliebigem Anlass. Heute würde man Partys dazu sagen.

Zwar war es unter den Schriftgelehrten verpönt, allzu heftig zu feiern, der normalen Bevölkerung machten solche Ermahnungen allerdings genauso wenig aus wie heute.

Folglich fängt sich Jesus recht schnell den Vorwurf des „Freunds der Fresser und Säufer“ ein, als er sich gemäß seiner Art mit den einfachen Leuten beschäftigt und dementsprechend an ihrem Leben teilnimmt. Er besucht die rauschenden Feste der verachteten Zöllner und lässt sich auf Hochzeitsfeiern sehen. Und das nicht in der Rolle des herablassenden Gelehrten, der sich das Spektakel von außen ansieht und froh ist, besser zu sein als das niedere Volk. Nein, Feiern und Fröhlichkeit sind Jesus sogar so wichtig, dass er einem Bräutigam aktiv unter die Arme greift, dessen Gäste mehr Wein als geplant gebechert hatten. Die Alkoholvorräte für die normalerweise siebentägige Feier gingen zur Neige - eine Schande für jeden damaligen Gastgeber. Um ihm aus der Klemme zu helfen, lässt Jesus sechs Krüge à 100 Liter mit Wasser füllen und verwandelt sie in 600 Liter besten Wein. Und das vermutlich gegen Ende des Festes, denn am ersten Tag einer auf eine Woche angesetzten Feier werden auch dem unvorsichtigsten Gastgeber die Getränke kaum ausgehen.

Dieser Ruf förderte natürlich den Verdacht, den seine Gegner gegen Jesus hegten, nämlich dass er ein Freund der griechischen Kultur war, in der Orgien und rauschende Feste zum Alltag gehörten. Sie konnten nicht verstehen, wie sich jemand mit dem Abschaum des Volkes abgeben und gleichzeitig behaupten konnte, von Gott gesandt zu sein.

Jesus und die Frauen

Der Status der Frauen war zu der Zeit von Jesus je nach gesellschaftlichem Hintergrund sehr unterschiedlich. In der jüdischen Kultur war die Frau ein wertvoller Besitz des Mannes. Ihr wurde Ehrerbietung entgegengebracht. Seine Frau nicht gut zu behandeln, galt als schändlich. Aber sie gehörte im wahrsten Sinne des Wortes zum Hausstand des Mannes, wie Sklaven, Kühe und Möbel auch. Dementsprechend war die Frau zwar nicht rechtlos, aber doch in ihren Entfaltungsmöglichkeiten stark eingeschränkt. Als Zeugen galten Frauen vor dem Gesetz nichts, übernommene Verpflichtungen konnte ihr Mann ablehnen. Auch konnten Frauen normalerweise nichts erben. Und in manchen Gegenden war es sogar verpönt, Frauen auf der Straße anzusprechen.[10]

Entsprechend war die rechtliche Ungleichbehandlung der Geschlechter offensichtlich. Beispielsweise wurde das Fremdgehen einer Frau immer als Ehebruch gewertet und entsprechend geahndet (meist mit dem Tod durch Steinigung). Vom Mann hingegen wurde keine Treue verlangt, ließ doch sein Vergehen die eigene Familie biologisch unberührt. Er konnte die Ehe nur brechen, indem er quasi die Besitzansprüche eines anderen Mannes verletzte, wenn er mit dessen Ehefrau schlief.

Auf der anderen Seite blieb der starke Einfluss der hellenistischen Kultur auch in Israel nicht ohne Spuren. Die Frauen mit römischem oder hellenistischem Hintergrund genossen sehr viel größere Freiheiten. Zwar war ihr Haupt lebensbereich das Haus und zwar durften sie weder aktiv noch passiv an demokratischen Wahlen teilnehmen. Sie konnten sich aber gesellschaftlich frei bewegen, besuchten Theater und öffentliche Bäder, gingen zu Gladiatorenkämpfen, machten Einkaufsbummel und trafen sich mit Freundinnen. Auch war es selbstverständlich, dass sie ihre Männer zu Festen und Hochzeiten als Gäste begleiteten. Und immerhin waren, außer in sehr armen Familien, nicht die Frauen, sondern Sklavinnen für die Erledigung der täglichen Arbeiten wie Waschen, Putzen und Kochen zuständig, so dass die Dame des Hauses davon befreit war. Ein wichtiger Unterschied der Stellung der Frau lag in der römischen Gesellschaftsordnung begründet, nach der Frauen rechtlich nicht von ihren Männern, sondern immer von ihren Vätern abhängig waren (wie im Übrigen auch die Söhne von ihrem Vater abhängig waren, solange dieser noch lebte, selbst wenn der Sohn schon Konsul war).

Auch in sexueller Hinsicht kollidierten zur Zeit Jesu zwei unterschiedliche Kulturen. Im Gegensatz zur jüdischen Gesellschaft war es beispielsweise selbstverständlicher Bestandteil der römischen Erziehung, dass junge Männer einmal im Leben ins Bordell gingen. Und ein Mann konnte zwar um Scheidung bitten, wenn die Frau fremdgegangen war, aber ein Grund für die Todesstrafe war dies in Rom bei weitem nicht.

Da gerade die Gegend um den See Genezareth eine starke römische Prägung hatte (der Hauptwohnsitz von Jesus, Kapernaum, war römischer Garnisonsstandort), ist zu vermuten, dass es jüdische Frauen hier, anders als im Kernland um Jerusalem, etwas einfacher hatten. Auch in der Bibel gibt es einige Anzeichen dafür, dass es zumindest mehr „emanzipierte" Frauen gab als in anderen Gebieten.[11] Doch auch hier hing dies stark von der jeweiligen Familientradition ab.

Jesus hob sich in seiner Beziehung zu Frauen deutlich von dem Bild eines jüdischen Rabbiners seiner Zeit ab. Von einem solchen verlangte man Strenge und Traditionstreue. Beide Erwartungen ignorierte Jesus völlig. Zwar wählte sich Jesus nur Männer in den Kreis der „Zwölf", also in die Apostelgruppe (→ „Jesus und sein Team"). Aber es befanden sich viele Frauen in seiner direkten Gefolgschaft und auch im engeren Kernteam. Jesus hatte keinerlei Skrupel, Frauen auf der Straße selbst auf persönliche Dinge anzusprechen und sich sogar von Huren, dem Abschaum der damaligen Gesellschaft, berühren zu lassen. Das war eigentlich unmöglich für einen jüdischen Mann, der etwas auf sich hielt. Aber Jesus sah das anders. So gab es eine Szene, in der eine Dirne in das Haus eines → Pharisäers eindrang und Jesus, der gerade mit dem Hausherrn beim Abendessen lag, die Füße mit teurem Öl überschüttete. Als sie auch noch seine Füße küsste und sie mit ihren Haaren trocknete, platzte dem Schriftgelehrten der Kragen: Er warf Jesus vor, sich von einer Sünderin berühren zu lassen, doch Jesus vergab der Frau demonstrativ die Schuld, die sie in ihrem Leben bereits aufgeladen hatte.[12]

Besonders deutlich wird das Rollenverständnis von Jesus in einer Szene, die in Bethanien spielt. Dort besucht Jesus ebengenannte Frau - ihr Name ist Maria -, zu der sich scheinbar in der Zwischenzeit eine gute Freundschaft entwickelt hat. Deren Schwester Marta kümmert sich verbissen um den Haushalt, während sich die unkonventionelle Maria die Freiheit nimmt, sich „zu Jesu Füßen zu setzen" - etwas, was eigentlich nur (stets männlichen) Rabinerschülern vorbehalten ist. Jesus lässt sie nicht nur gewähren, sondern unterstützt sie sogar aktiv, indem er sie gegenüber ihrer Schwester verteidigt. Diese beschwerte sich nämlich, dass Maria den (ihr traditionell zugewiesenen) Platz am Herd verlassen hatte, um Jesus zuzuhören. Eine gute Frau mache so etwas nicht. Jesus ist da anderer Meinung.[13]

Höhepunkt der „neuen" Frauenrolle, die im Neuen Testament deutlich wird, ist die Tatsache, dass es ausgerechnet Frauen sind, die das leere Grab entdecken und dem Auferstandenen als Erste begegnen. Angesichts der völligen Wertlosigkeit weiblicher Zeugenaussagen ist dies höchst bemerkenswert. Und dass die Jünger sich gerade auf diese Aussage beriefen, zeigt, dass auch sie etwas gelernt hatten in ihrer Zeit mit Jesus.

Geburtstag

Die Geburt von Jesus feiern wir traditionell an Weihnachten. Aber an Weihnachten wurde Jesus nicht geboren – und schon gar nicht im Jahre Null, wie es unser heutiger Kalender behauptet.

Denn der 25. Dezember ist eigentlich ein heidnischer Feiertag. Er wurde von den Römern als „Fest der aufgehenden Sonne" gefeiert. Da die Sonne als Gott verehrt wurde, war am 25.12. ihr „Geburtstag". Als der Sonnenkult dem aufstrebenden Christentum zu mächtig wurde, bestimmte Papst Liberius, der von 352 bis 366 regierte, kurzerhand den „Geburtstag des Sonnengottes" zum Geburtstag von Jesus Christus zu machen. Ein genialer Schachzug, denn durch die Verchristlichung des öffentlichen Feiertags wurde dessen Symbolkraft in Bezug auf den Sonnengott geschwächt. Gleichzeitig konnte man an dieser Stelle anknüpfen und Jesus als das Licht der Welt verkündigen.

Das genaue Datum der Geburt von Jesus ist nicht mehr feststellbar – selbst die ersten Christen scheinen ihn nicht gewusst zu haben. Allerdings haben sich in den späteren Jahrhunderten immer wieder namhafte Wissenschaftler wie Edmond Halley, Isaak Newton oder Johannes Kepler mit dem Thema beschäftigt. Letzterer machte erstmals einen Vorschlag, auf dem das Datum basiert, das von den meisten Wissenschaftlern heute als am wahrscheinlichsten angenommen wird: der 12. November im Jahre 7 vor Christus. Die Berechnung fußt auf den Beschreibungen in der Bibel über einen hellen Stern, der als „Stern von Bethlehem" in die Geschichte eingegangen ist. In Frage kommt dafür eigentlich nur die Konjunktion – also die optische Verschmelzung – zweier heller Sterne. Dies war im fraglichen Zeitraum bei Jupiter und Saturn der Fall – und zwar im Jahr 7 v. Chr. und gleich dreimal hintereinander: am 15. März., am 20. Juni. und am 12. November. Interessant ist, dass heute mindestens vier babylonische Keilschrifttafeln aus der Zeit vor der Geburt von Jesus bekannt sind, eine davon im Britischen Museum in London, auf der genau diese Konstellation bereits (voraus)berechnet wurde. Die Babylonier waren gute Astronomen und aus ihren Reihen könnten durchaus die „Weisen aus dem Morgenland" stammen, die dem „Stern von Bethlehem" nachgereist waren und schließlich über Umwege Jesus fanden. Denn Astronomie und Astrologie waren damals nicht zu trennen. Und ein babylonischer Astronom musste eine solche Sternen-Konjunktion als Hinweis auf ein Ereignis in Israel (Judäa) verstehen: Jupiter war damals der Stern des babylonischen Gottkönigs Marduk, während der Saturn immer mit dem König der Juden in Verbindung gebracht wurde. Die Schlussfolgerung liegt auf der Hand: Königstern (Jupiter) + König von Israel (Saturn) steht im Westen (Sternbild der Fische) - im Westen war ein mächtiger König geboren worden.

Folglich machte sich die Gesandtschaft (vielleicht eine offizielle Delegation) auf, um diesen neuen König zu verehren. Dass der Besuch dieser Abordnung auf Astrologie und Aberglauben beruhte, schreckte die biblischen Autoren offensichtlich nicht. Im Gegenteil werden die Astrologen aus Babylon quasi zu Zeichen der Souveränität dieses neuen Königs.

Gesellschaft und Wirtschaft zur Zeit von Jesus

Jesus von Nazareth wurde in eine spannende Zeit hineingeboren. Schon immer war das Gebiet südlich von Gaza bis zum Libanon ein heißes Pflaster. Viele Völker, angefangen von den Philistern (von der die Region Palästina ihren Namen hat) über die Assyrer und Babylonier bis hin zu den Griechen herrschten nacheinander über diesen kleinen Landstrich an der Küste des Mittelmeers.

Als der kleine Jesus das Licht der Welt erblickte, lag Palästina seit 40 Jahren unter römischer Verwaltung. Die Besatzer erhoben hohe Steuern, sorgten aber auch für wirtschaftliche Stärke, gute Verkehrswege und ein optimales Kommunikationsnetz. Die Römer waren grundsätzlich großzügig mit ihren „assoziierten“ Völkern, trotzdem zwangen sie jedem eroberten Landstrich ein Stück ihrer Kultur und Tradition auf. So durften die bezwungenen Nationen ihre Götter behalten, mussten aber zusätzlich den römischen Kaiser als Gott verehren – wogegen sich die Juden als damals einzige monotheistische Religion heftig sträubten. Schon die Prägung des römischen Kaiserporträts auf den fremden Münzen war für fromme Juden ein Problem. So achteten sie peinlich genau darauf, dass die Tempelsteuer in Jerusalem nicht mit römischen Münzen bezahlt wurde. Dass eine Notwendigkeit für Geldwechsler im Tempelvorhof bestand, zeigt allerdings, dass sich das normale Volk im Alltag schnell den neuen Machthabern angepasst hatte.

Die meisten Menschen arbeiteten zur Zeit von Jesus in der Landwirtschaft. Die ausgeprägte Fruchtbarkeit des Bodens und ein ausgeglichenes Klima sorgten in vielen Gebieten Palästinas für eine große Bandbreite an kultivierbaren Nutzpflanzen: Orangen, Zitronen, Feigen, Oliven, Weintrauben, Aprikosen, Pfirsiche, Nüsse, Melonen, Tomaten, Gurken, Paprika, Avocados, Erbsen, Zwiebeln und natürlich Getreide. Allerdings gab es große regionale Unterschiede. Der römische Historiker Flavius Josefus kann über die Ebene beim See Genezareth in den höchsten Tönen schwärmen. Gleichzeitig war in anderen Gebieten die Arbeit auf dem Feld hart, weil der Boden steinig und ausgetrocknet war.

Glücklich konnte sich schätzen, wer Handwerker oder Kleinhändler war - die Mittelschicht der damaligen Zeit. Es gab zum Beispiel Schneider, Bäcker, Schmiede, Töpfer, Sandalenmacher, Fleischer, Gerber und natürlich Baumeister, zu denen Jesus gehörte. Händler verkauften vor allem Öl, Wein, Oliven und Getreide - meist auf den Märkten in den Städten, manchmal in festen Läden, aber meist als fahrende Händler.

Zu etwas gebracht hatte es auch derjenige, der ein Boot sein Eigen nennen konnte. Fischerfamilien wie die des Petrus hatten oft mehrere Angestellte, weshalb es sich Petrus auch leisten konnte, mit seinem Bruder für einige Zeit mit einem Wanderprediger umherzuziehen.

Die meisten Arbeiter waren Tagelöhner, die morgens auf den Marktplätzen der Städte darauf warteten, angeheuert zu werden. Sie konnten sowohl in der Landwirtschaft als auch in der Fischerei eingesetzt werden - immer gegen einen Hungerlohn. Noch schlechter dran waren nur die Sklaven.

Zwar gab es im Judentum im Vergleich zu den römischen Bräuchen geradezu revolutionäre Schutzbestimmungen für Sklaven: So musste ein Sklave wie ein Tagelöhner behandelt werden, konnte also immerhin zu einem bescheidenen Eigentum gelangen. Außerdem stand ein Sklave unter dem Gesetz, was ihn - in der Theorie - vor Ausbeutung und Misshandlung schützte. Und ein höchst humaner Zug der israelischen Tradition war, dass alle sieben Jahre alle Sklaven in die Freiheit entlassen werden sollten (auch wenn sich deren Herren in der Praxis sicherlich einiges einfallen ließen, diese Regelung halblegal zu umgehen).

Allerdings galten alle diese Gesetze nur für jüdische Sklaven, also nicht für Ausländer. Und in Israel als Sklave zu leben, hieß, genauso wie in anderen Kulturen, das Eigentum eines anderen zu sein.

Jesus war also „tékton", Handwerker, und demnach nicht, wie von vielen angenommen, ein Spross der Unterschicht. Nein, er entstammte vielmehr der Mittelschicht - heute vielleicht vergleichbar mit einem kleinen Handwerksfamilienbetrieb mit Meister, zwei Söhnen und ein bis zwei Angestellten. Auch die engsten Vertrauten von Jesus waren zum größten Teil Leute, die etwas zu verlieren hatten: Matthäus war zum Beispiel kein kleiner Zollbeamter, der einfach von seinem Stühlchen aufsprang, alles liegen ließ und Jesus folgte. So kennen wir es aus unseren Kinderbibeln. Matthäus war tatsächlich aller Wahrscheinlichkeit nach (die Bibel schweigt über die genaueren Umstände, aber aus dem Zusammenhang lassen sich einige Rückschlüsse ziehen) Vorsteher einer größeren Zollstation an der Via Maris, der wichtigsten Handelsstraße im Nahen Osten, mit mehreren Angestellten und vermutlich sogar mehreren „Filialen".

Und trotzdem - oder gerade deswegen - war Jesus in der jüdischen Bevölkerung fest verwurzelt und faszinierte die Mittelschicht wie auch die ärmere Bevölkerung gleichermaßen. Nur der Oberschicht - den Priestern und

Großgrundbesitzern - war Jesus ein Dorn im Auge, weil er immer wieder ihre Heuchelei und Ausbeutungspolitik geißelte.

Wenn man sich die großen Männer und Frauen der Geschichte vor Augen führt, dann stammen zwar nicht alle, aber doch viele von denen, die etwas für Freiheit und Gerechtigkeit bewirkt und für die Unterdrückten gekämpft haben, aus gut situierten Verhältnissen: Martin Luther King war studierter Soziologe, Mahatma Gandhis Vater war Minister und entsprechend wohlhabend, Nelson Mandela war Jurist, Mutter Teresa wuchs in einer wohlhabenden Familie auf.

Aber durch ihren tiefen Glauben und ihr sensibles Unrechtsempfinden haben sie alle - inklusive Jesus - viele Menschen aus allen Schichten davon überzeugen können, dass etwas getan werden musste. So konnte Jesus schon bald auf Kontakte zu wichtigen und einflussreichen Leuten der damaligen Gesellschaft zurückgreifen, von denen ihn einige direkt unterstützten: So stammte die Mutter zweier seiner engsten Mitarbeiter, Johannes und Jakobus, aus einer priesterlichen Familie, was persönliche Kontakte und die Rolle als Hoflieferant für Fisch des Hohepriesters in Jerusalem zur Folge hatte. Das ermöglichte es Johannes und Petrus, in der Nacht der Verhaftung von Jesus auf das Grundstück des Hohepriesters zu gelangen - ganz offiziell durch die Tür. Man war bekannt. Oder Maria von Magdala, eine wohlhabende Frau aus der Ortschaft Magdala, nicht weit entfernt vom Hauptwohnsitz von Jesus. Oder Claudia Procles, die Frau von Pontius Pilatus, dem späteren Richter von Jesus. Ihr hatte es Jesus zu verdanken, dass Pilatus sich stark für ihn einsetzte, bevor er dem Druck der anwesenden Menschenmenge nachgab und Jesus kreuzigen ließ.

Gräber zur Zeit von Jesus

Da Tote als „unrein" galten, lagen Gräber in Israel meist außerhalb von Ortschaften. Es gab verschiedene Arten von Gräbern.

Die arme Bevölkerung legte man meist in Erdgräber, die mit einer Steinplatte belegt waren. Reiche Bürger ließen sich Höhlen in den Felsen schlagen. In ein solches Grab wurde auch Jesus gelegt - nicht weil er besonders reich gewesen wäre, sondern weil einer seiner Anhänger - Josef von Arimathäa - ihm das für ihn bereits vor längerer Zeit gebaute Grab zur Verfügung stellte. Felsengräber besaßen eine vordere Grabkammer, die man nur gebückt durch einen engen Zugang erreichen konnte. Von dort aus führten Gänge zu den Grabkammern für die verschiedenen Familienangehörigen.

Verschlossen wurden Felsengräber mit einem großen radähnlichen Stein, der wie eine Schiebetür vor die Öffnung gerollt wurde. Um diesen Stein zu bewegen waren mehrere Männer nötig.

Kindheit und Jugend

Viel wissen wir über die Kindheit von Jesus nicht - nur, dass ihn seine Eltern selbstverständlich in der jüdischen Tradition erzogen und er alle Schulebenen durchlief - bis hin zum „Bet Talmud", sozusagen dem Abitur.

Aber Jesus war kein gewöhnlicher Schüler. Man könnte ihn durchaus als „Streber" bezeichnen. Mit 12 Jahren entwischte er seinen Eltern einmal bei einem gemeinsamen Besuch in Jerusalem. Nachdem Maria und Josef ihn verzweifelt gesucht hatten, fanden sie ihn drei (!) Tage später im Jerusalemer Tempel, mit den Priestern über die Heilige Schrift diskutierend. Grundsätzlich war es nichts Befremdliches, dass schon Kinder sich für diese Themen interessierten. Die Dialektik, also die „Kunst der Unterredung", erlernten jüdische Schüler genauso wie Lesen, Schreiben und Mathematik in der Schule. Es war neben dem Auswendiglernen der Heiligen Schrift (also unseres Alten Testaments) sogar der Hauptlerninhalt des „Bet Talmud". Zum stumpfen Auswendiglernen kam das Erlernen des gepflegten Streitgesprächs, das von den Schülern höchste Aufmerksamkeit und geistige Wendigkeit erforderte. Hier lernte Jesus das Handwerkszeug, das er später für seine ausführlichen Auseinandersetzungen mit den Schriftgelehrten brauchte.

Jesus hatte vier Brüder (Jakobus, Joses, Judas und Simon) und mehrere Schwestern, die in der Bibel aber nicht namentlich erwähnt werden. Von seinem Stiefvater Josef ist später nicht mehr die Rede, deshalb wird vermutet, dass er irgendwann vor dem 30. Lebensjahr von Jesus starb. Vielleicht war auch mit dem Tod des Vaters der Zeitpunkt für die Umstrukturierung der Josef'schen Familie gekommen: Jesus setzte einen Schlussstrich unter seine bisherige

Tätigkeit als Baumeister und ging seiner eigentlichen Berufung als Prediger nach. Den Betrieb, den eigentlich Jesus als ältester Sohn hätte erben und fortführen sollen, überließ er seinen jüngeren Brüdern. So war die Ernährung seiner Familie gesichert. Mindestens einer seiner Brüder, Jakobus, schloss sich ihm später ebenfalls an, was den beiden übriggebliebenen Brüdern ein besseres Auskommen garantierte.

Kreuzigung

Die Kreuzigung war eine verbreitete Hinrichtungsart der Römer für Schwerverbrecher, also vornehmlich für Mörder und Staatsverräter. Eine Kreuzigung war besonders grausam und gleichzeitig sehr öffentlichkeitswirksam, weil die Delinquenten oft tagelang meist neben stark frequentierten Überlandstraßen hingen. Nach der endgültigen Niederlage des aufständischen Sklavenheerführers Spartacus 71 v. Chr. wurden um die 6000 seiner Anhänger entlang der Via Appia gekreuzigt.

Zumeist wurde ein Querbalken (lat. *patibulum*) an einem Baum als Kreuz benutzt. Manchmal, aber nicht immer, wurde eine kleine Holztafel am Querbalken befestigt, auf der der Tatvorwurf stand. Die Beine des Delinquenten wurden auf einen kleinen Querbalken gestellt, um zu erreichen, dass er nicht durch sein eigenes Gewicht zu sehr nach unten gezogen und ohnmächtig wurde bzw. im Falle der Verwendung von Nägeln einen schnellen Blutverlust erlitt. Dem gleichen Zweck diente ein *Sedile* genanntes Querholz auf halber Höhe, das als „Sitz" genutzt werden konnte. Durch Arme und Beine wurden nicht immer Nägel getrieben, manchmal wurden die Extremitäten „nur" durch Fesseln angebunden. Es gab keine römische Vorschrift, wie eine Kreuzigung genau durchzuführen war. Den oft aus abgeordneten Soldaten bestehenden Henkerkommandos wurde ein hohes Maß an Freiheit zugestanden.

Die Kreuzigung war keine schnelle Hinrichtung, sondern sollte den Delinquenten langsam töten. Sie sollte als abschreckendes Beispiel dienen. Zumeist wurde dem Gekreuzigten noch mittels eines Schwammes über mehrere Tage hin etwas Wasser verabreicht, um ihn über längere

Zeit am Leben zu erhalten und somit seine Qualen zu verlängern. Oftmals bestachen Angehörige die Henker, dem Gekreuzigten die Beine zu brechen, um den Tod durch Ersticken zu beschleunigen, da er sich dann nicht mehr abstützen konnte.

Nach dem Eintritt des Todes wurde zumeist mittels einer Lanze durch einen Stich in den Bauch sichergestellt, dass der Hingerichtete auch wirklich tot war. Die Verurteilten wurden streng bewacht, bis die Strafe vollzogen war. Römische Wachmänner mussten selbst mit der Todesstrafe rechnen, wenn sie ihren Auftrag nicht erfüllten und die Flucht eines zum Tode Verurteilten ermöglichten.[14]

Die römische und hellenistische Kultur prägte den Alltag der jüdischen Bevölkerung genauso wie ihre eigene Tradition. Der Ort Kapernaum, den Jesus als seinen Hauptwohnsitz wählte, war sogar römischer Garnisonsstandort. Hier war der Einfluss der Römer an jeder Straßenecke zu spüren. In Kapernaum pulsierte das Leben, obwohl es nur ein kleines Fischerdorf war. Es lag aber direkt an der von den Römern gut ausgebauten „Via Maris", einer der damals wichtigsten Handelsrouten im Mittelmeerraum: Sie war die direkte Verbindung zwischen Damaskus und Ägypten und auf ihr wurde nicht nur Handelsware transportiert, sondern auch Texte und Ideen. Wir können uns die Schenken, den Marktplatz und die Unterkünfte in Kapernaum durchaus bevölkert mit Menschen aus vielen Ländern vorstellen: Afrikaner, Libanesen, Syrer, Araber, Römer, Griechen und natürlich Juden aus allen Landesteilen. Eine wirklich internationale Atmosphäre. Ganz zu schweigen von Sepphoris, der Hauptstadt von Galiläa, keine 40 Kilometer von Kapernaum entfernt und in unmittelbarer Nähe von Nazareth, wo Jesus aufwuchs. Dort gab es sogar ein Theater. Die Bedeutung des Theaters in der damaligen Zeit wird von der Größe des Baus verdeutlicht: Immerhin 5000 Menschen fassten die Zuschauerränge, rund 20% der Stadtbevölkerung. Jede Theatervorführung muss ein großes Event gewesen sein.

Und es ist durchaus anzunehmen, dass Josef, der Stiefvater von Jesus, als Bauhandwerker an der Errichtung des Theaters beteiligt gewesen war. Denn die in einem kleinen Nest wie Nazareth nötigen Bauarbeiten konnten damals keinen Baumeister samt Familie ernähren. Deshalb war Josef mit Sicherheit „Pendler", der in verschiedenen Orten in der Umgebung seine Dienste anbot. Und allemal an einer solchen Großbaustelle wie in Sepphoris. Und natürlich wäre es ebenfalls nicht verwunderlich, wenn Jesus selbst des öfteren als Besucher dieses Theaters mit seinen Eltern und Geschwistern gesessen, mitgelacht und mitgefiebert hätte.[15] Theater war so selbstverständlich wie heute Fernsehen.

Ein anderer beliebter Zeitvertreib der Römer waren die öffentlichen Bäder. In Palästina gab es Bäder mindestens in den Städten Herodium, Machaerus und Masada.[16] Die Bäder waren ein so wichtiger Bestandteil der römischen Kultur, dass anzunehmen ist, dass auch das ab 17 n. Chr. von Herodes Antipas in römisch-griechischem Stil neu aus dem Boden gestampfte Tiberias solche öffentlichen Bäder hatte. Immerhin gab es dort auch ein Forum, ein Theater und eine Rennbahn. Die Beschreibung des Schriftstellers Seneca über das Leben in römischen Badeanstalten könnte indes auch aus einem beliebigen Hallenbad in unserer Zeit stammen: Es gab große Schwimmbecken, in die übermütige Menschen mit „ungeheurem Krachen und Spritzen" sprangen, es gab Hantelräume, in denen Männer „schnauften in den höchsten Tönen", und in den Saunen und Dampfbädern entspannten sich Männer und Frauen gemeinsam von den Strapazen des antiken Lebens.[17]

Als Tiberias um 20 n. Chr. Sepphoris als Hauptstadt von Galiläa ablöste, lag es für jemanden, der eine wichtige Botschaft zu verkünden hatte, nahe, sich stärker am See Genezareth zu orientieren, dem neuen Mittelpunkt Galiläas. Jesus wählte Kapernaum, vielleicht, weil einige seiner wichtigsten Mitarbeiter hier wohnten.

Dort, keine 100 Meter südwestlich der Meilensteine der Via Maris, gab es natürlich auch eine der zahlreichen Synagogen – den anderen kulturellen Pol des alten Palästina.

Die Synagoge war (neben dem zentralen Tempel in Jerusalem) Mittelpunkt des jüdischen Glaubens, aber auch Mittelpunkt des lokalen Gemeindelebens, es war Bildungseinrichtung und sozialer Treffpunkt. Bildung war für die Juden zur Zeit von Jesus eine Selbstverständlichkeit. Mit sechs Jahren kamen die Kinder in die Schule – und zwar Jungs und Mädchen gleichermaßen, zumindest in der Grundausbildung. Sie lernten Lesen, Schreiben und Rechnen und paukten viele Texte, vor allem die Thora, die Bibel der Juden.[18] Bedingt durch die vielen unterschiedlichen Machthaber und Einflüsse in der Region wuchsen so gut wie alle Bewohner Palästinas dreisprachig auf und beherrschten deshalb mindestens Griechisch fließend – neben Hebräisch, der Sprache des Alten Testaments, und ihrer Muttersprache Aramäisch.[19]

Trotz des kulturellen und technischen Fortschritts, den sie durch die römische Herrschaft genießen konnten, wünschten sich allerdings viele Juden eine Befreiung von der Fremdregierung. Viele glaubten, der langersehnte Messias würde sie von der Unterdrückung durch die Römer befreien. Jesus profitierte von dieser Stimmung – viele Menschen waren bereit, jemandem zuzuhören, der nach Prophet roch. Und obwohl Jesus selten politisch wurde und nie die Römer direkt angriff, hielten bis zuletzt selbst einige seiner engsten Mitarbeiter Jesus für den Befreier Israels vom Joch der Römer.

Lebenslauf

Die Evangelien, also unsere Hauptquellen über das Leben von Jesus, genügen leider keinem Anspruch auf chronologische Vollständigkeit. Es sind zwar Biografien, aber sie orientieren sich (natürlich) am antiken Biografiestil, der völlig anders war, als es die heutige Geschichtsschreibung ist. Das bedeutet vor allem, dass dramatische Elemente und dramaturgische Effekte den Wert eines Werkes als Geschichtsschreibung nicht schmälern, wie zum Beispiel das abrupte Ende des Markusevangeliums, das an einen fallenden Vorhang im Theater erinnert. Im Gegenteil: Worüber wir heute in einer Bismarck-Biografie die Nase rümpfen würden, war damals festes Element der Geschichtsschreibung - ja sogar ein „Muss" für erstklassige Literatur.[20]

Das heißt für uns allerdings, dass sich beispielsweise Zeitangaben aus den Evangelien nur über den Zusammenhang erschließen lassen. Und selbst das bietet nicht unbedingt ein verlässliches Bild. So erscheint das Wirken von Jesus nach dem Evangelium von Johannes mindestens drei Jahre lang, weil von drei Reisen von Jesus zum jährlichen Passahfest nach Jerusalem berichtet wird. Die anderen drei Evangelisten erzählen aber nur von einem Passahfest in Jerusalem. Womit sie weitere Reisen nicht ausschließen, aber eben auch nicht erwähnen. Aber auch bei Johannes bleibt natürlich offen, ob er alle Reisen erwähnte.

Trotz aller Unschärfe lässt sich aus den verschiedenen Quellen das folgende, ungefähre Bild erstellen:

Jahr	**Alter von Jesus**	**Ereignis / Lebensabschnitt**
zwischen 7 v.Chr. und 4 n.Chr.	0 Jahre	Geburt (→ „Geburtstag")
	1 Monat	Flucht nach Ägypten aus Angst vor König Herodes
	1-3 Jahre	Rückkehr aus Ägypten nach dem Tod Herodes
	6	„Einschulung" von Jesus in der Synagoge von Nazareth
	12	Reise mit den Eltern zum Passahfest nach Jerusalem
	14-29	Ende der schulischen Ausbildung, Beginn der Handwerkerlehre bei seinem Stiefvater, danach Mitarbeit im Familienbetrieb
	30	Jesus beendet seine Tätigkeit als Baumeister und beginnt sein Wirken als Wanderprediger
ca. 28 n.Chr.	31-33	Letzte Reise zum Passahfest nach Jerusalem
Donnerstag vor dem Passahfest	31-33	Letztes Abendessen mit seinen Schülern, Verhaftung
Freitag vor dem Passahfest	31-33	Prozess, Kreuzigung, Tod und Grablegung
Sonntag nach dem Passahfest (zwei Tage später)	31-33	Frauen finden das leere Grab, Jesus begegnet seinen Mitarbeitern
anschließend		Jesus begegnet nochmals den Jüngern und 500 weiteren Menschen, bevor er „in den Himmel aufgenommen" wird

Der Name „Jesus Christus"

Der Name Jesus Christus setzt sich zusammen aus der griechischen Form des jüdischen Eigennamens „Jeschua" und dem Beinamen „Christus".

„Jeschua" war und ist ein gebräuchlicher und sehr häufiger Vorname in Israel. Wäre Jesus also in Deutschland zur Welt gekommen, hätte er Max, Jürgen oder Christian heißen können. Allerdings gibt es eine Besonderheit: „Jeschua" bedeutet im Hebräischen ›Gott ist Heil‹. Diese programmatische Aussage stand wie ein Vorzeichen vor dem Leben von Jesus und insbesondere vor seinem Sterben und seiner Auferstehung.

Namen in der Antike waren nicht wie heute bei uns in einen oder mehrere Vor- und einen Familiennamen unterteilt. Vielmehr folgte dem eigentlichen Namen (in unserem Fall „Jeschua") entweder der Bezug auf den Vater („Benjamin" bedeutet z.B. „Sohn des Jamin") oder eine Ortsangabe. So auch bei Jesus, der zu seinen Lebzeiten nach seiner Heimatstadt „Jesus aus Nazareth" genannt wurde.

Der Zusatz „Christus" ist ein Ehrentitel, der wörtlich „der Gesalbte" bedeutet. Gesalbt (d.h. in einer feierlichen Zeremonie mit kostbarem Öl begossen) wurden nur Könige und Priester. Mit dem Titel „Christus" wurde Jesus zum ersten Mal von seinem Mitarbeiter Petrus in der Stadt Caesarea Philippi bedacht.[21] Eine Verwendung der Bezeichnung „Jesus Christus" ist allerdings erst für die Zeit nach Tod und Auferstehung Jesu überliefert.

Im Deutschen wird der Name Jesus Christus übrigens folgendermaßen gebeugt:

Nominativ	Jesus Christus ist heilig.
Genitiv	Die Heiligkeit Jesu Christi.
Dativ	Ehre sei Jesus Christus.
Akkusativ	Ich preise Jesus Christus.

In manchen alten kirchlichen Liedtexten und Liturgien taucht außerdem der Vokativ „Jesu Christe" auf: „Lob sei dir, o Christe!"

Politische Einteilung: Judäa, Samaria und Galiläa

Palästina war zur Zeit von Jesus in drei Gebiete aufgeteilt: Judäa im Süden, mit viel kargem Bergland und der Wüste Negev, Galiläa im Norden mit seinen fruchtbaren Feldern und dem fischreichen See Genezareth und Samaria in der Mitte dazwischen. Samaria war den Juden ein Dorn im Auge, denn die Samariter galten auf Grund von jahrhundertealten Rivalitäten als die „schlechteren Juden" und wurden von den Juden aus Judäa und Galiläa tunlichst gemieden. Umgekehrt waren die Samariter wütend auf die Juden, welche ihnen brutal die Jerusalemer Version des Jahwe-Glaubens aufzwangen.

Da der kürzeste Weg von Galiläa nach Jerusalem (das in Judäa liegt) aber durch Samaria führte, ließen sich Begegnungen nicht vermeiden. Der römische Historiker Flavius Josefus berichtet von einem Vorfall, bei dem eine Pilgergruppe aus Galiläa von Samaritern überfallen und getötet wurde. Daraufhin forderten „die angesehensten Galiläer" vom zuständigen römischen Prokurator Cumanus Rache für den Tod der Gefallenen.[22] Samariter waren für die Juden quasi Unmenschen.

Vor diesem Hintergrund ist die Spannung in Jesu Gleichnis vom barmherzigen Samariter greifbar: Jesus erzählt von einem Menschen, der Opfer von Räubern wurde. Viele Juden, ja sogar hoch angesehene Priester gehen an dem schlimm zugerichteten Mann vorbei, ohne ihm zu helfen. Erst ein Samariter kümmert sich um ihn, bringt ihn zur nächsten Herberge, versorgt die Wunden und bezahlt sogar noch den Wirt für die Unterkunft. Die Juden, die dieses Gleichnis hörten, ärgerten sich maßlos, als Jesus so ihren Hochmut gegen ihre Volksgenossen anprangerte.

Sidon
ITURÄA
LIBANON
N
Tyrus
PHÖNIZIEN
Cäsarea Philippi
TRACHONITIS
SYRIEN
Mittelmeer
GALILÄA
Chorazin
Kapernaum
Betsaida
Genezareth
Magdala
Galiläisches Meer
Nazareth
Gadara
DEKAPOLIS
(Gebiet der Zehn Städte)
ISRAEL
SAMARIEN
Jordan
PERÄA
Jericho
Jerusalem
+ Ölberg
Betanien
JORDANIEN
nach
ÄGYPTEN
Bethlehem
Totes
Meer
JUDÄA
IDUMÄA
0
20 km

Schriftgelehrte, Pharisäer & Co.

Die Theologen des alten Israels hießen Schriftgelehrte. Unter diesem Sammelbegriff tummelten sich eine Reihe höchst unterschiedlicher Gruppierungen, die untereinander teilweise stark verfeindet waren.

Die bekannteste dieser Gruppen ist mit Sicherheit die der **Pharisäer**. Ihr Name bedeutet „Die Abgesonderten". Sie sahen ihre Aufgabe darin, das Gesetz Moses streng zu befolgen und es möglichst feingliedrig in die Alltagswelt der Menschen herunterzubrechen. Sie legten viel Wert auf die „Überlieferungen der Väter", die sie zu einem zweiten Gesetz ausbauten. Dabei kam ein Katalog mit hunderten Einzelgeboten heraus, an die sich der fromme Jude tunlichst zu halten hatte, wollte er Gottes Zorn nicht spüren.

Gottes Zorn, beziehungsweise den von Jesus, bekamen dann aber vor allem die Pharisäer selbst zu spüren. Jesus kritisierte sie besonders oft – beispielsweise wenn sie das Gebot Gottes völlig verbogen, alle sieben Tage einen Ruhetag (Sabbat) einzulegen, um Zeit für Gott und für die Mitmenschen zu haben. Hatte Gott doch eigentlich nur gesagt, dass am Sabbat alle (auch Sklaven und Gastarbeiter!) von ihrer Arbeit ruhen sollten, durfte man nach der Ansicht der Pharisäer am Sabbat so gut wie nichts tun: keine Gegenstände herumtragen, nur eine bestimme Wegstrecke zurücklegen und keine Ähren ausrupfen, weil dies Erntetätigkeit war. Solche Haarspalterei wurde aus der Angst geboren, Gott würde jede noch so kleine Gesetzesübertretung bestrafen – wogegen Jesus unermüdlich anpredigte. Gleichzeitig kritisierte Jesus stets, dass die Pharisäer ihre Frömmigkeit an die große Glocke hängten. Sie ließen sich bei ihren Gebeten gerne öffentlich sehen, sie zahlten möglichst für alle sichtbar ihre Tempelsteuer und ließen sich offen darüber aus, wie unfromm alle anderen seien. In einer Erzählung von Jesus geht ein Pharisäer im Gottesdienst ganz nach vorne und betet zu Gott: „Danke, dass ich nicht so bin wie dieser Zöllner da hinten." Der Zöllner tut dagegen nichts anderes, als Gott um Gnade zu bitten. Und Jesus stellt zum Entsetzen der zuhörenden Schriftgelehrten den Zöllner als den dar, der richtig gehandelt hat.

Die Pharisäer waren schließlich auch diejenigen, die die Verhaftung und Kreuzigung von Jesus maßgeblich vorantrieben.

Die **Sadduzäer** vertraten ein Kontrastprogramm zu den Pharisäern. Sie lehnten alle Offenbarungen außer den fünf Büchern Moses ab, selbst die Propheten achteten sie gering. Sie bestritten die Existenz von Engeln und das Weiterleben nach dem Tod. Sie erwarteten keinen Messias. Sie waren Rationalisten und Opportunisten. Ihr Ziel war, an der Macht zu bleiben, weshalb sie sich dem jeweils Herrschenden anbiederten. Gerade deshalb war Jesus ihnen gefährlich - denn es wäre fatal für sie gewesen, wenn die Römer ihnen die Macht entzogen hätten, weil sie mit einem religiösen Unruhestifter nicht fertig wurden. Der Hohepriester Kaijaphas, der Jesus festnehmen und vor den römischen Statthalter Pilatus zerren ließ, gehörte zu den Sadduzäern.

Die **Essener** sahen sich zu vollkommener Gesetzestreue verpflichtet, weshalb sie immer wieder stark die jeweils herrschenden Verhältnisse kritisierten. Dies brachte sie natürlich in Schwierigkeiten, weshalb sich eine Kerngruppe um 160 v. Chr. an den Rand des Toten Meeres zurückzog. Heute ist dort vor allem der Ort Qumran bekannt, wo 1974 in Höhlen uralte Schriftrollen biblischer Bücher gefunden wurden.

Die Essener, die in den Städten und Dörfern geblieben waren, lebten unverheiratet und folgten auch in den anderen Lebensbereichen möglichst weit den Regeln der Kerngemeinschaft. Sie ernährten sich zum Beispiel vegetarisch und befolgten genauestens das Sabbatgebot.

Die **Hellenisten** waren keine uniforme Gruppe, sondern sind am besten als vom griechischen Denken geprägte Juden zu umreißen. Sie lebten vor allem in der Diaspora, also in Ägypten, Griechenland, Nordafrika und Syrien. Aber auch in Israel, vor allem im Bereich um die hellenistisch-römischen Städte wie Caesarea am Meer, im Gebiet der Dekapolis und im Bereich rund um den See Genezareth war der Einfluss des aus unserer heutigen Sicht modernen Gedankenguts stark spürbar. Jesus lebte und wirkte hauptsächlich unter diesen griechisch-römisch geprägten Juden - vielleicht ein Grund dafür, warum hier seine revolutionären Botschaften und sein aus Sicht der ultrafrommen Juden viel zu freizügiger Lebensstil auf deutlich fruchtbareren Boden fielen als in Jerusalem.

Die **Zeloten** waren so etwas wie die Widerstandskämpfer des Judentums. Sie scheuten nicht davor zurück, für die Durchsetzung ihrer religiösen Überzeugung mit harten Bandagen zu kämpfen. Ihr Hauptfeind waren die Römer, denen sie schadeten, wo immer sie ihnen begegneten: Sie überfielen Einzelposten, störten den Nachschub oder töteten Sympathisanten. Im Grunde waren sie eine terroristische Untergrundbewegung, die mit Guerillataktik das Judentum von den schädlichen Einflüssen von außen befreien wollte.

Jesus und sein Team („Jünger")

Wanderprediger waren zur Zeit von Jesus nichts Ungewöhnliches. Es gab viele sogenannte Rabbis (oder aramäisch „Rabbuni") in Israel - eigentlich bezeichnete das Wort einfach nur die Lehrer an den Synagogen. Rabbis konnten aber auch Lehrende sein, die ganz oder zeitweise unabhängig von den Synagogen durch Israel reisten und Schüler um sich sammelten. Sie waren Teil der damals durch und durch von Religion bestimmten Gesellschaft. So war es auch nichts Ungewöhnliches, dass Menschen ihre Arbeit verließen, um für einige Zeit einem solchen Rabbi zu folgen.

Jesus verließ mit ungefähr 30 Jahren den elterlichen Betrieb in Nazareth und begann in Kapernaum am Ufer des Sees Genezareth mit seinem Wirken als Rabbi. Da Jesus vier Brüder und einige Schwestern hatte, war das kein wirtschaftliches Problem für die Familie - im Gegenteil war man damals (wie auch heute noch) um jeden Sohn froh, der ein eigenes Auskommen fand und den übrigen Geschwistern ein stabileres Einkommen aus dem elterlichen Betrieb ermöglichte.

Die Schüler eines Rabbis bezeichnete man als Jünger. Der Begriff übersetzt das griechische Wort *mathetai*, das wörtlich „Lehrling" bedeutet.

Sein engstes Team bestand aus zwölf Personen, später „Apostel" genannt:

- **Simon Petrus**, Fischer
- **Andreas**, ein Bruder von Petrus

- **Jakobus** und **Johannes**, Söhne des Zebedäus. Letzterer hat vermutlich das Johannesevangelium geschrieben.

- **Philippus**, der später viel im Mittelmeerraum herumgereist ist, um die gute Nachricht von Jesus dort zu verbreiten.

- **Bartholomäus**, auch Nathanael genannt

- **Thomas**

- **Matthäus**, der Steuerpächter, und **Jakobus**, zwei Söhne des Alphäus

- **Judas Thaddäus**

- **Simon**, der Zelot. Bevor er Jesus begegnete, war er Anhänger einer recht militanten Unabhängigkeitsbewegung („Zeloten").

- **Judas Iskariot**, der Jesus später verriet und dann Selbstmord beging.

Von den wenigsten dieser Männer kennen wir ihre Biografie vor der Begegnung mit Jesus und Details über ihr „ziviles" Leben während ihrer Zeit mit ihm. Leider waren solche Informationen in der antiken Geschichtsschreibung nebensächlich und wurden dementsprechend kaum überliefert.

Von Simon Petrus und Andreas wissen wir immerhin, dass sie Fischer in Kapernaum waren. Und mindestens Petrus war verheiratet und hatte eine eigene Familie. Da Fischer aber zur Mittelschicht der damaligen Gesellschaft gehörten, hatte der Familienbetrieb vermutlich noch mehr Mitarbeiter - vielleicht hatten die beiden auch noch mehr Brüder - und vermutlich wurden auch Tagelöhner beschäftigt. So war die vorübergehende Abwesenheit von zwei Söhnen kein wirtschaftliches Debakel für die Familie.

So auch nicht für Matthäus Levi, den wir als pummeligen Steuerbeamten aus unseren Kinderbibeln kennen. Dieses Bild trügt allerdings. Matthäus war vielmehr mit hoher Sicherheit der Vorsteher einer größeren Zollstation an der Via Maris, der wichtigsten Handelsstraße im Nahen Osten, mit mehreren Angestellten und vermutlich sogar mehreren Außenstellen. Er konnte zwar nicht einfach alles stehen- und liegenlassen; er hatte Pachtverträge zu erfüllen, hatte Mitarbeiter, die er ernährte und war nicht zuletzt verantwortlich für seine eigene Familie. Trotzdem konnte er als Chef seine Mitarbeiter auch alleine arbeiten lassen und Jesus durch Galiläa begleiten. Gerade im heiklen Geldgeschäft musste er sich sowieso auf seine Leute hundertprozentig verlassen können. So konnte er mit seinen Einnahmen die Gruppe um Jesus mitversorgen. Vielleicht hat er aber auch seine Zolleinnahmerechte an jemand anderen übertragen und hat sich und sein Vermögen Jesus ganz zur Verfügung gestellt. Wir wissen es nicht genau. Beides ist denkbar.

Simon, der Zelot, hingegen war auf jeden Fall jemand, der eine 180-Grad Wendung vollzog, als er Jesus nachfolgte. Als Zelot war er ein jüdischer Widerstandskämpfer, der die Ehre Gottes und die Integrität des jüdischen Glaubens mit Gewalt durchsetzen wollte. Die Begrifflichkeiten erinnern nicht von ungefähr an heutige islamische Terroristen. Hauptanliegen der Zeloten war der Kampf gegen die Römer zu jeder möglichen Gelegenheit: Sie überfielen Militärposten, störten den Nachschub, bedrohten und töteten Kollaborateure. Da Jesus selbst stets Gewaltlosigkeit lehrte und predigte, ist es kaum vorstellbar, dass er einen aktiven Guerillakämpfer unter seinen Leuten geduldet hätte.

Es mag sein, dass Simon noch mit den Zielen der Zeloten sympathisierte – der Gewalt hatte er aber sicherlich abgeschworen.

Und schließlich Judas, der Jesus an seine Feinde verriet. Er war von Anfang an keine Lichtgestalt. Jesus muss gewusst haben, wen er sich da ins Team holte. Judas verwaltete die gemeinsame Kasse der Gruppe und bediente sich gerne einmal privat daraus, wenn es ihm gelegen kam.[23] Das Geheimnis, warum er Jesus verriet, nahm er mit ins Grab. Da er aber schon vorher keine ehrliche Haut war, können ihm wohl kaum lautere Motive unterstellt werden.

Es war also eine wirklich bunte und sehr gegensätzliche Truppe, die Jesus da um sich gescharrt hatte. Darüber hinaus gehörten neben den zahllosen sporadischen Zuhörern seiner Predigten noch einige Männer und Frauen zu seinem erweiterten, aber nichtsdestotrotz verbindlichen Umfeld. An einigen Stellen wird von 72 Jüngern berichtet. Wie dieser erweiterte Jüngerkreis genau organisiert war, ist nicht bekannt. Sicherlich befanden sich nicht alle ständig in der Nähe von Jesus. Vielmehr gab es vermutlich regelmäßige Lehreinheiten, manche davon sind uns in den Evangelien überliefert, und auch einige praktische Aufgaben, die zur Ausbildung gehörten. Und zuletzt waren es immer wieder Hunderte und Tausende, die Jesus bei seinen öffentlichen Predigten zuhörten. Sie waren fasziniert von seinen Worten, gehörten aber nicht zu seiner festen Gefolgschaft.

Die zwölf oben genannten Nachfolger waren dagegen so gut wie immer bei Jesus. Die Truppe hatte ihr Hauptquartier im Haus von Petrus in Kapernaum eingerichtet, wobei aber vermutlich nicht alle dort wohnten. Eine Art

Kernteam bildeten Petrus, Jakobus und Johannes, die Jesus praktisch nicht von der Seite wichen und auch bei sehr intimen Begebenheiten dabei waren.

Stichwortverzeichnis

Das Stichwortverzeichnis dient zum Wiederfinden von Passagen im Text. Aber dieses Buch ist kein Nachschlagewerk, in dem man einfach den zum Stichwort passenden Abschnitt liest und dann schlauer ist. Der Zusammenhang ist sehr wichtig - deshalb sollte man das Buch möglichst einmal von vorne bis hinten durchgelesen haben (dauert ja nicht so lange), bevor man sich dieses Glossars bedient.

Zudem könnte man ins Staunen kommen. Denn da sich Menschen Dinge oft anhand der verrücktesten Begriffe merken, enthält das Stichwortverzeichnis auch Wörter wie „Ampel" und „Frühstückbrötchen", die man normalerweise nicht in einer solchen Liste vermuten würde.

Wenn man aber eine bestimmte Stelle noch einmal nachlesen möchte, ist es ungemein hilfreich, diese auch noch anhand des letzten Strohhalms, an den sich das Gedächtnis klammert, finden zu können.

Und nun: Viel Spaß beim Stöbern ...

A

B

C

F

G

H

I

J

K

L

M

N

O

P

Quellenverzeichnis

1 F. F. Bruce, Die Glaubwürdigkeit der Schriften des Neuen Testamentes. Eine Überprüfung des historischen Befundes, S. 20f

2 Norman Geisler, William Nix, A General Introduction to the Bible, Moody Press, Chicago 1968, S. 366+367

3 Matthäusevangelium, Kapitel 11, Verse 28-30 (eigene Übersetzung)

4 Lukasevangelium, Kapitel 18, Vers 23b

5 Johannesevangelium, Kapitel 10, Vers 30

6 Matthäusevangelium, Kapitel 22, Verse 34-40

7 Matthäusevangelium, Kapitel 7, Vers 2 (eigene Übersetzung)

8 2. Mosesbuch, Kapitel 20, Verse 8-10 (zitiert nach: Gute Nachricht Bibel)

9 Jostein Gaarder, Maya oder Das Wunder des Lebens, Carl Hanser Verlag, München 2000

10 Josef Katzer, Das Leben in Israel zur Zeit Jesu, Echter-Verlag 2003, S. 183ff

11 Lukasevangelium, Kapitel 8, Verse 1-3

12 Lukasevangelium, Kapitel 7, Verse 36ff

13 Lukasevangelium, Kapitel 10, Verse 38-42

14 www.wikipedia.de

15 Carsten Peter Thiede: Ein Fisch für den römischen Kaiser, Bastei Lübbe 2005, S. 47ff

16 Edwin Yamauchi: Die Welt der ersten Christen, R. Brockhaus 1990, S. 113

17 ebd. S. 114

18 Rob Bell, Im Staub des Rabbi laufen, Zeitschrift Aufatmen 02/05, Bundes-Verlag, S. 6ff

19 Katzer, S. 80ff

20 Thiede, S. 78f

21 Matthäusevangelium, Kapitel 16, Vers 16

22 Jüdische Altertümer 20.6,1 (zitiert in: Katzer, S. 23f)

23 Johannesevangelium, Kapitel 12

scm hänssler

Theo Lehmann

So einfach? Einfach so!

Taschenbuch, 80 S., Nr. 394.587,
ISBN (10) 3-7751-4587-7, ISBN (13) 978-3-7751-4587-9

Ist Glauben einfach? Gibt es im Weltall ein lebendiges Wesen? Welche Weihnachtsgeschenke haben wir verdient? Hat Gott überhaupt Zeit für uns? Solchen und ähnlichen Fragen geht Theo Lehmann in seiner spritzigen und manchmal provokativen Art nach. Und er zeigt, dass Glauben nicht einfach ist. Aber dass wir aufgerufen sind Gott zu suchen. Einfach so. Auf die eine oder andere Weise. Lassen Sie sich herausfordern!

Bitte fragen Sie in Ihrer Buchhandlung nach diesem Buch! Oder schreiben Sie an: Hänssler-Verlag, 71087 Holzgerlingen